もしも

夫婦で豊かな老後を送るために
知っておきたい**相続のこと**

夫が亡くなったらどうしよう?と思ったら読む本

税理士
島根 猛
Takeshi Shimane

CROSSMEDIA PUBLISHING

はじめに
相続は誰のためのもの?

近年、「争続（そうぞく）」という言葉が、辞書に載るほど広く知られるようになりました。「争族」とは「遺産相続をめぐって親族が争うこと」を意味する俗語ですが、「相続＝モメる」というイメージを抱いている方も多いことと思います。

高齢化が急速に進む日本では、相続のことを気にかける人が急増しています。とはいえ、相続の準備をしている人が多いかといえば、決してそんなことはないようです。

株式会社AlbaLinkの「相続対策についての意識調査アンケート」（２０２１年）によると、相続対策をしている人は回答者全体のたった3割ほどにすぎませんでした。60代以上では55％でしたが、それでも半分近くの人は相続対策をしていないという実情が見てとれます。

この調査によれば、「相続対策をしていない理由」として圧倒的に多かったのが、「必要だと思っているが、やり方がわからない」という回答でした。

「相続のことは気になるけれど、何をどうしたらいいのかわからない……」

――これが大半の人の本音でしょう。

最近では、テレビ番組や雑誌の特集で「相続」がよく取り上げられ、書店に足を運べば相続対策の書籍が所狭しと並んでいますが、その多くは「財産を残す側」の視点から相続対策の必要性を説いた内容です。

たとえば、遺言書や財産目録の作成、生前贈与、節税対策……こうしたことは、自分の財産を次の世代に残す側が行うべき相続対策であり、端的にいえば、男性目線の相続対策を指南する情報だといえるでしょう。

ここで本書をお読みのみなさんに改めて考えていただきたいのですが、はたして相続は、「財産を残す側のためのもの」なのでしょうか？

もちろん相続においては、「財産を残す側」の思いも大切にしなければなりません。しかし私は、それ以上に大切なのは「残された側」、つまり「残された家族の生活」や「人生」ではないかと考えています。

私は相続専門の税理士として、年間100件以上の相続の相談に対応しています。特にご主人に先立たれた奥さまの相続を数多くお手伝いしてきましたが、そうした「妻」の方々が、夫の死後何よりも不安に感じるのは、これからのご自身の生活資金のことです。

自分がこの先何年生きるかわからないという状況で、夫という大きな支えを失い、今の生活レベルを維持して生きていけるのか――途方もない喪失感や悲しみに暮れるなかで、こうしたシビアな問題に直面することになるのです。

さらに、自分の生活費さえ捻出できればいいというものではなく、いつか必要となるであろう自分の介護費用、お葬式代やお墓の購入費の問題ものしかかってきます。残された人生には、このような決して安くはない費用も必要となるでしょう。

このように、「残された妻」の方々には、夫の相続のあと、とても厳しい現実が待ち受けているのです。

私はこれまでの経験から、様々な不安材料を前に途方にくれる「妻」の方々を目の当たりにして、「どうにかして残された妻の不安を取り除きたい」と考えるようになりました。そして女性のための相続対策の本を書くことを決意したのです。

ここでお伝えしておきたいのですが、本書は相続の「ノウハウ」、要はいかに相続税を節税するかを指南する本ではありません。

もちろん、払う税金を減らせるならそれに越したことはなく、「払う税金は少なければ少ないほどいい」と考えている方が多いと思います。しかし私は、数多くの相続の現場を見てきたなかで、相続においては節税よりも、最も重視しなければならない命題があることを感じています。

それは、**「残された妻が、その後の人生をいかに幸せに過ごすか」**ということです。

先に記した通り、夫に先立たれた妻の方々は、その後10年、20年、人によっては30年以上もの長い人生をひとりで歩まなければなりません。その間お金に関して心配することなく、幸せに、心豊かに生きられるようにすること。これが相続で最も大事な視点だと考えています。

その意味では、女性にとっての「相続対策」とは、夫亡きあとの自身の生き方を考えることに他ならないのです。


それでは、残された妻の方々がその後の人生を豊かに生きるためには、どのような相続対策が必要なのか。何よりも重要なのは節税の小手先のテクニックよりも、**来る相続に対する心構えと考え方**です。

資産構成や家族構成など、状況は人それぞれ異なりますから、「相続」にはひとつとして同じかたちはありません。しかしどのような状況であれ、やがて来る相続に対する心構えと考え方をしっかり持っておくことで、相続を円満に乗り切ることができます。そしてそれによって、残された妻の方々が、新たな人生を歩き出すことができるのです。

つまり「夫の相続」というのは、残された妻の方々の第二の人生の出発点であり、その人生を幸せに過ごすためには、相続を円満に乗り切ることが不可欠なのです。

本書では、夫の相続が近づいてきた女性の方々のために、および、既に相続に直面している女性の方々のために、相続を円満に進めるための心構えや考え方、そして相続の基礎知識や具体的な対応策を解説していきます。

さらに妻の方は、夫のみならずご自身の両親や夫の両親など、様々なかたちで相続に直面することになります。自分の親の相続であれば兄弟姉妹と協力して乗り切ることもできますが、夫の両親の相続では、いくら交流が盛んで関係性が強くても、法律的には縁が遠いとされ「関係者」から締め出されることもあります。しかし現実には夫の両親の介護を妻が担うというケースも多く、そうした場合には大きな疎外感や理不尽な気持ちを感じることもあるでしょう。

私はこの意味でも、女性の方々にとって相続は非常に難しい問題であり、だからこそある程度の心構えと準備が必要であると考えています。そこで本書では、みなさまが「相続」を具体的にイメージしやすいよう、リアルな相続現場の事例を交えながらお話を進めていきます。

相続が発生する前に、どのような姿勢で対策を立てておくべきか。
どんな手続きを進めていけばいいのか、どんな点に注意すればいいのか。

相続に直面した女性、特に「夫の死」という深刻な出来事に直面した妻は、どのように相続に向き合うべきか。

ご自身の身近な相続を想像しながら読み進めていただければと思いますが、可能であれば、本書を読んで得た知識や感想をご主人やお子さんにどんどん話していただき、ご家庭で相続について話すひとつのきっかけにしていただければと考えています。

残された妻がその後の人生を豊かに生きるためには、妻自身の心構えや準備も必要ですが、夫の協力も大切です。「自分が先に死んだら、その後の妻はどのように生きていけばいいのか」というのは、夫として必ず考えるべきことであり、その意識があれば「妻のためにできること」「やるべきこと」が自然と見えてくるはずです。

また、この本は主として女性の方々に向けて執筆していますが、「残された妻」に限らず「残された側」が知っておくべき様々な相続のことをまとめています。もしかすると、ご主人が先に亡くなるのではなく、妻が先立つという可能性もあるでしょう。そうした場合、残されたご主人がその後豊かに生きるためには、具体的には何が必要で、そのために何を準備すべきなのか。本書を読むことで、きっとこの問いに対する答えにもたどり着けることと信じています。

本書を通じて、残された人生を豊かに、幸せに生きるために必要な相続の心構えや基礎知識を学んでいただければ、著者としてこれ以上の喜びはありません。

Contents

第2章

トラブルの実例に学ぶ 残された妻や家族を困惑させた5つの相続の話

第3章

10カ月間で、何をどうすればいい？
相続で「起こること」と「やるべきこと」の基本

第4章

「残された妻の人生を豊かにする相続」を叶えるために

本書で取り上げている税制や法律は、原則として２０２２年12月時点のものに基づいています

第1章

「万が一のこと」を具体的に考えてみよう

残された妻が直面する相続の問題とは？

「そのとき」はいつか必ずやってくる

私の顧問客のひとりである男性が、まだ60代の若さで突然亡くなりました。

その男性は大病を患っていたわけでも入院していたわけでもなく、私がその数カ月前に会ったときはいつも通り元気な状態で、笑顔で別れました。だからこの知らせを受けたとき私は非常に驚きましたし、それは彼の周囲の方々も同じだったことと想像しています。

しかしもちろん、この男性の突然の死に誰よりもショックを受けていたのは、他ならぬ奥さまでした。

この男性の奥さまは60歳でした。精神的に大きなショックを受けていて、子どもが電話を入れるたびにいつも泣いていたそうです。「納骨がすんだから、気持ちを切り替えなきゃ」――男性の四十九日を過ぎて、ようやくそんな前向きな発言が出てきたと聞きました。

世界保健機関（ＷＨＯ）では65歳以上を「高齢者」として定義していますが、60歳といえばまだまだ「盛り」といえる年代です。日本では、２０１３年からは定年が65歳未満から65歳以上に引き上げられ、２０２５年からは65歳定年制が義務化されますが、平均寿命が年々延伸しているこの時代においては、60代という年代を「仕事第一の人生を終え、第二の人生がスタートする時期」と考える人は多いでしょう。

「人生の楽しみは、まだこれからたくさんある」――そんな状況で突如としてご主人を失うことになったこの奥さまのお気持ちを考えると、とても胸が痛みます。

ご主人が病気を患っていて闘病中、あるいは医師から余命が短いことを伝えられているという状況なら、奥さまもある程度は覚悟ができていたことでしょう。もしくはご主人が高齢という場合であれば、奥さまは無意識的に心の準備を始めていて、「夫が亡くなったらどうすればいいのか」という問題に知らず知らずのうちに向き合っているはずです。

しかしこのケースのように、そうした心構えがまったくできていない状態で「そのとき」に直面することになると、途方もない喪失感に襲われ、生きる気力をなくしてしまうことにもなります。ご主人の死後の煩雑な事務手続きはもちろん、自身のこれからの生活のことすら考えられなくなるというのも、しごく当然のことといえます。

しかし、人の命には限りがある以上、誰しもがいつかは死を迎えます。この女性に起こった出来事は、あらゆる人に起こりうることなのです。

考えることを避けてはいても……

ここで、本書をお読みのみなさんにご質問です。

あなたは、ご主人に先立たれてしまったときのことを具体的にイメージしたことはありますか？

私たちは誰しも、「悪い未来」を考えることを本能的に避けてしまうものです。遠い先のことでなくとも明日のことですら、何が起こるかは誰にもわからないことです。そうなると、「起こるか起こらないかわからないことに怯え、不安を抱きながら毎日を過ごしたくない」「考えたくないことは考えずに、日々幸せに生きていければいい」「悪いことは、起こってから考えればいい」――みなさまにも、こういう意識が自ずと働いているのではないでしょうか。

これには、日本人独自の感性による「縁起」という概念も影響しているように思います。「人の死、特に近しい人の死を想像するなんて、縁起でもない」――読者のみなさんのなかにも、こう考える方がいるかもしれません。

しかし繰り返しますが、夫の死というのは「起こるか起こらないかわからないこと」ではありません。「確実に起こる出来事」であり、その悲しさから想像することを避けていても、必ず「そのとき」は訪れます。そしてそれは、ご自身の今後の生き方に大きく影響する、非常に大きなインパクトのある出来事なのです。

もちろん、ご主人が亡くなる前に奥さまご自身が亡くなるという可能性もなくはありませんが、平均寿命の視点からいえば、2022年時点で男性の平均寿命が81・47歳であるのに対し、女性は87・75歳。男性よりも女性のほうが平均寿命が長いというのはもはや常識です。くわえて、夫婦の年齢差を調べた2015年の人口動態調査によれば、「夫は妻より年上」という夫婦が全体の約6割を占めました。そう考えると、あらゆる既婚の女性は、「夫の死」を迎える心構えをしておかなければならないのかもしれません。

ここで、少し興味深いデータをご紹介しましょう。少し古いデータですが、愛媛県が1996年から1998年にかけて、配偶者の有無などが死亡に与えた影響を調査した報告書があります。この報告書において、75~84歳の「夫がいる女性」は、「夫がいない女性」より死亡リスクが2・02倍高いことが指摘されています。あくまでデータ上の話ではありますが、既婚女性は夫を亡くしたほうが長生きするということになります。

逆に男性は、妻を亡くしたほうが、死亡リスクが高まるそうです。実は、アメリカでも同じような調査結果が出ているのですが、これは男性の身の周りの世話をしてくれる人がいなくなって生活が乱れてしまうことが主な要因だと考えられています。

一方で女性は、何十年という長きにわたって家事を行う人が多く、炊事にも洗濯にも買い物にも慣れたもので、夫を失っても日常生活で困ることはありません。さらに、男性と女性とでは社交性にも大きな違いがあります。女性は、子ども関係のコミュニティで「ママ友」をつくったり、ご近所さんと親しくなったり、趣味の集まりで盛り上がったりなどと、男性に比べてネットワークをつくることに長けているようです。そのため、現に老後も生き生きした活動的な女性は多く、そうした女性はこれからさらに増えるように思います。

私自身、年間100件以上の相続の相談を受けていますが、このうち女性からの相談が6~7割で、妻が夫に先立たれるケースが非常に多いことを実感しています。

こう考えると、「夫の死」はほとんどの既婚女性に等しく起こりうる出来事だということが、だんだんとご理解いただけたのではないでしょうか。

私は、あらゆる女性はこの事実に目を背けることなく、いつなんどき訪れるかわからない「夫の死」、つまり「夫の相続」に対して心構えをしておくべきだと考えています。

そしてこれこそが、私が本書を通じてみなさまにお伝えしたい、最大のメッセージなのです。

「夫の死」のあとに、何が起こるか

ご主人が亡くなって相続が発生すると、残された奥さまには突然様々な課題が押し寄せてくることになります。たとえば、親族や関係者への連絡から役所関連の手続き、通夜に葬儀の手配、遺品の整理……。いずれも「ご主人の死」という現実を痛感させられることばかりで、そのつど大きな悲しみに襲われることと思います。

こうした相続関連の「やるべきこと」は、専門家である私から見ても非常に複雑かつ煩雑で、はかりしれない悲しみに暮れる奥さまにとっては、少々荷が重すぎるかもしれません。

また、相続の難しさのひとつに、ご家庭の状況がそれぞれ異なる以上、ひとつとして同じケースはないということがあります。

あなたが実際に「夫の相続」を経験したお知り合いに相談すると、「うちの相続はもめたから、相続は事前にしっかり準備して対策しておいたほうがいいよ」「うちの場合は、こんなふうに進めたよ」といったような具体的なアドバイスをもらうかもしれません。しかし、資産状況や家族構成、関係者の人柄によって相続内容や必要な手続きは変わりますから、そのアドバイスをご自身の相続に当てはめても、うまくいくわけではないのです。

くわえて、「相続を誰に相談すればいいのかわからない」という問題もあります。

２０２１年に行われたある調査によれば、相続が発生したときの相談先として最多の回答が「誰にも相談しなかった」でした（26ページ参照）。次いで回答が多かったのが「家族・親族」で、以降は「司法書士」「税理士」などと士業や金融機関、公的機関が続いています。

相続のことを家族や親族に相談するのは当然の流れだといえますが、士業に

相続について相談した相手は？

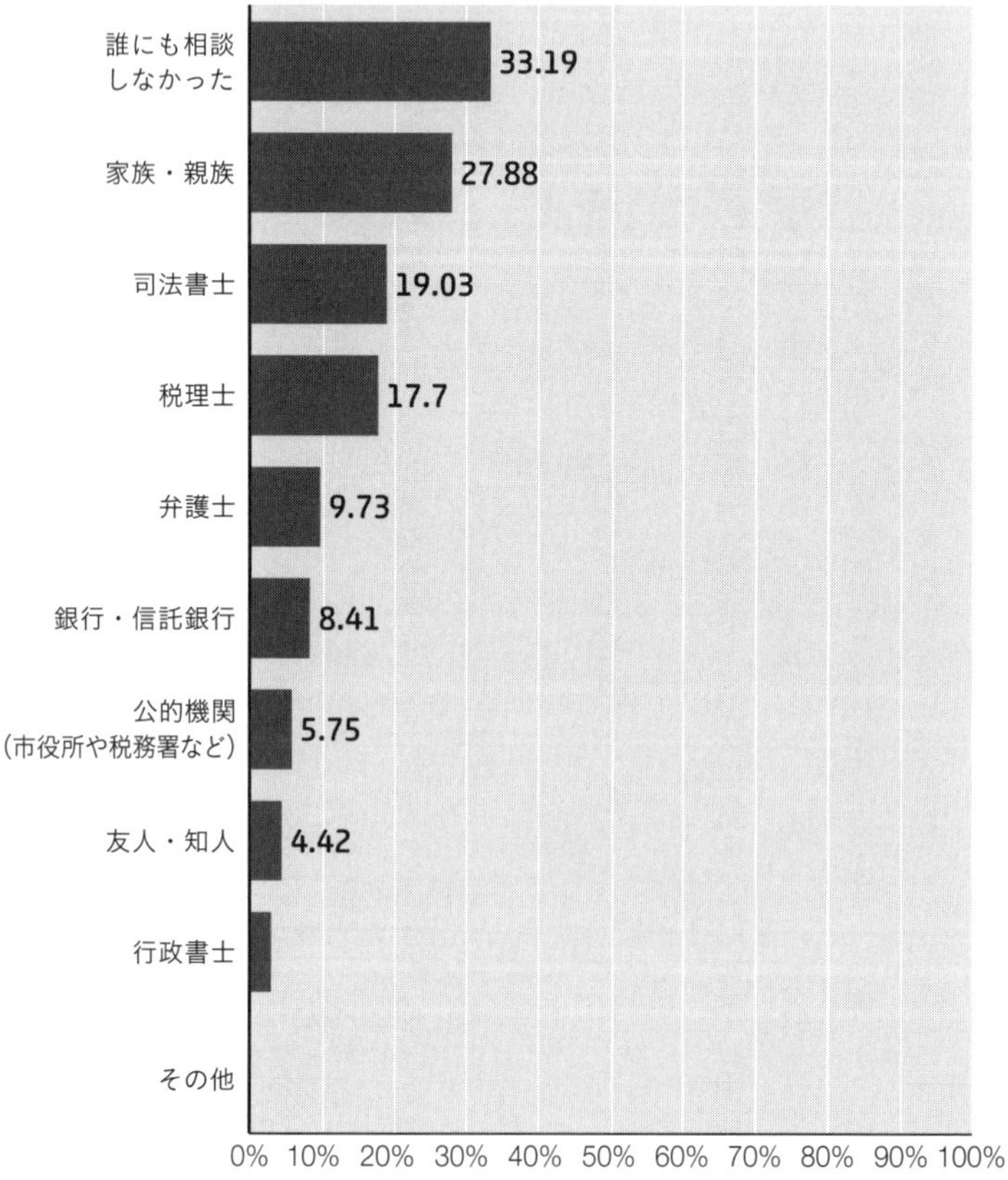

遺産相続弁護士相談広場 編集部「遺産相続のご経験に関するアンケート」（2021年2月発表）をもとに作成

相談する場合にも、それぞれの士業によって専門とする分野が違いますから、なかなか難しい面があります。

たとえば、司法書士は登記の専門家ですので、相続する財産に不動産が含まれる場合にはとても頼もしいですし、相続人どうしで争うリスクが高い場合には、弁護士は訴訟などの手続きも含めて法律面から的確なアドバイスをしてくれるでしょう。

このように、相続で発生しうる課題を明確に把握できていれば、ベストな相談先を見極めることができますが、相続というのはそんなに頻繁に起こることではありませんから、「初心者」である一般の方々にはハードルが高いと思います。

そして相続において最大の問題となるのが、お金のことです。

「夫」という存在は、精神的な意味でも経済的な意味でも、一家の「大黒柱」です。ひと昔前の日本では、「夫は外で稼ぎ、妻が家を守る」という構図が確立されていたこともあり、定年前にせよ定年後にせよ、一家の生活費はご主人の収入から出ているというケースが大半です。

つまりご主人が亡くなるということは、これからの人生の精神的かつ経済的な支柱を失うということであり、ご主人の死に伴う経済的な問題については、女性の方々は早くから向き合い、それなりの心構えと準備をしておく必要があります。

「相続対策＝相続税の対策」ではない!?

「相続におけるお金の問題」と聞いて多くの人の頭に真っ先に思い浮かぶのが、相続税のことだと思います。

２０１５年の税制改正によって、相続税の申告義務があるかないかの判断基準となる「基礎控除額」が下がり、かつ、最高税率も引き上げられたことから、相続税の課税対象者が増えることになりました。この改正で相続税対策への関心が急速に高まり、「相続税が実質増税されたから、早く対策を講じないと大変なことになる」――多くの人がそんな不安を抱いたようです。この流れを受けて、相続税対策を謳うセミナーがそこかしこで開かれ、各メディアでもこぞって特集されるようになりました。

たしかに、この税制改正によって課税対象者は増加しました。しかし実は、2020年時点でいえば、相続税を納めなければならない人の割合は、相続が発生した人のうちわずか1割にも満たないのです。

現に、2020年の被相続人数（死亡者数）は約137万人でしたが、これに対して相続税を納めたのは約12万人でした。つまり、被相続人数のうち8.8％しか相続税を納めていないわけで、9割以上の人には相続税が発生しないということになります。

相続をめぐってのトラブルをニュースやネットで見たことがある人も多いかと思いますが、そうしたケースはごくわずかであり、よほど巨額の財産があるケースを除けば、残された奥さまが相続税の負担に悩まされることはあまりないのです。

実際、配偶者が相続人の場合は相続税額を軽減する「配偶者の税額軽減」という制度があります。これはご主人を亡くした妻が相続する財産が法律で定められた額（法定相続分）か、もしくは1億6000万円までは相続税はかからないという制度で、ご主人に先立たれた妻の生活を守るための制度です。もちろん、妻が先に亡くなり、夫が残されたケースでも適用ができる制度です。この制度の詳細については、第3章で詳述いたします。

相続税対策というのは、あくまでも相続対策に含まれる要素のひとつにすぎません。

相続対策においては、残された方々のその後の生活や大切な財産をトータルで守る視点、特に残された奥さまがその後の人生を豊かに暮らせることが、最も大切だと私は考えています。

「残された方々の生活を守る」という視点でいえば、女性の方々のなかには、「夫の死後の自分の生活については心配していないけれど、その後自分が死んだときに、子どもたちの間で争いが発生したら困る」と考える方もいるかもしれません。

夫が亡くなって発生する相続を「一次相続」、妻自身が亡くなって子どもへの相続を「二次相続」といいます。たしかに二次相続対策の重要性を訴える税理士やメディアも散見され、税理士からのアドバイスの多くが「二次相続時の相続税を減らすために、一次相続時では残された奥さまに相続させる財産を減らしましょう」という内容になっているものをよく見聞きします。

しかし私は、それはあまり得策ではないと考えています。二次相続というのは、「自分が死んだ後」に発生する事態です。「死んだ後のこと」に対する対策よりも、「自分が生きている間のこと」を重視したほうが、残された妻自身がその後の人生を憂いなく、豊かに生きることができると考えるからです。

「死後のこと」を心配するあまりに、「生きている間」の事を軽視し、日々の生活費を切り詰めて過ごすような息が詰まる相続対策では、本末転倒です。

妻自身の死後、たとえ子どもが負担する相続税が高くなったとしても、ご主人を失ったあとの妻自身の生活を最優先に考えたほうがいい――。これは、様々な方から相続のご相談を受けるなかで、私が常に重視している方針のひとつです。

相続税対策よりも大切なこと

相続に付随して発生するお金の問題としては、相続税以外にどんなものがあるのでしょうか。

特に深刻な問題が、日々の生活費です。

私の過去のお客さままで、やはりご主人を突然亡くされた方がいました。ご主人が亡くなった直後に訪問してお話をうかがったのですが、「当面の生活費がない」とおっしゃるので、私は仰天しました。

なんでもお金のことはご主人がすべて管理していたそうで、奥さまはそもそもご主人がどこの銀行に口座を持っているのか、口座をいくつ持っているのかもわからないのだとか。もちろん奥さまは、銀行のキャッシュカードの暗証番号も知らないとのこと。ご主人が生きている間は、毎月の初めにご主人から生活費の入った封筒を手渡され、それで1カ月の家計をやりくりするという生活を、結婚当初から実に60年間の長きにわたって続けていたようです。「だから、夫のお葬式代どころか、私の食費や光熱費をどうしたらいいのかもわからなくて」――ご主人を失った悲しみとともに、このような大きな不安を抱え、とても混乱しておられました。

幸いにもこの方は、お子さんたちの助けもあって生活費に困窮することはなかったのですが、こうした方は意外に多いのではないかと感じています。

夫が生命保険に入っていれば、夫が亡くなったあとにとりあえずまとまったお金が手に入りますから、さほど恐れることはありません。ところが実際には、生命保険に入っていない年配の方が意外に多いのです。

たとえば、かつては「掛け捨て型の定期保険」に加入していたのに、更新時期を迎えて解約したというケースをよく見かけます。子どもが小さいころは、「自分に万が一のことが起こっても、残された家族が困らないように」と考えて契約を更新し続け大きな死亡保障を持ち、子どもが独立して手が離れたタイミングで更新をやめる。老後には「生命保険には入らずに、自分が病気になったときのための医療保険だけに加入しておこう」と考える。

この考え方に、私は何も間違ったところはないと思います。人生のステージにおいて子どもが小さいときには、大きな保障が必要になります。しかし、人生には様々なステージがあります。老後の夫婦ふたりで生活するステージにおいて、どのような保障が必要になるか、「夫が亡くなった後の、残された妻のその後の生活費」を保障するという視点がすっぽり抜け落ちてしまっています。

独立して自力で生計を立てているお子さんは、特に金銭面で困ることはないと思います。しかし年金を主な収入として生活している夫婦で夫が先に亡くなった場合、残された妻は遺族年金を受け取ることはできますが、たいていの場合は世帯で受け取る年金の金額が減ってしまうことになりますので、死活問題となります。

たとえご主人が賃貸物件を経営する不動産オーナーで、死後の家賃収入が期待できても、家賃が振り込まれるご主人名義の銀行口座が凍結されれば、残された奥さまがお金を引き出そうにもなかなか容易なことではありません。

この銀行口座の名義変更にも相続上の手続きが必要になりますから、奥さまの名義に変更するにも、けっこうな時間と手間がかかります。

ちなみに、賃貸物件の管理会社の対応もまちまちで、「名義人であるご主人が亡くなったのなら、ご指定いただいた別の口座に振り込みますね」と柔軟に対応してもらえるケースもあれば、「遺産分割協議書がなければ家賃を振り込めません」と頑なな対応を取るケースもあるようです。この「遺産分割協議書」についても、第3章で詳しくお話ししましょう。


「ご主人名義の銀行口座が凍結されてしまったら、生活費が引き出せなくなる」という話に戻れば、それはライフラインを断絶された状態に他なりません。残された奥さまは一刻も早く相続手続きを進め、銀行預金を引き出せるようにしなければなりませんが、この場合お子さんに当面の生活費を借りるケースもあるようです。

これは子どもと同居している、あるいは近くに住んでいれば協力してもらいやすいのですが、離れて暮らしている場合はそう簡単にはいかないものです。

子どもというのは「実家、あるいは親はある程度のお金を持っているもの」と思い込んでいるふしがあり、ご主人の死後に残された奥さまが生活費の援助をお願いしても、「お母さんにお金がないなんて知らなかった」「貸してと言われても、自分たちにだって生活があるんだから、困る」などと断られてしまう、残念なケースも散見されます。

当たり前の話ですが、人間はお金なしには生きていけません。「相続」というと「相続税の対策」が第一であるというイメージを持つ人が非常に多いのですが、ご主人を亡くされた奥さまが相続を考えるときには、もちろん相続税のことも大切ですが、それよりもまずは奥さま自身の生活資金のことを第一に考えていただきたいと思います。

相続の難しさを考える

さらに、たとえ生活費のめどが立っていたとしても、ご主人の遺産をどう分けるかについても考える必要があります。

奥さまとお子さんにどのように分けるのか、ご主人の兄弟姉妹にどのくらい分けるべきか、それを奥さま自身が主導して考えるのか、他の誰かが主導権を握って決めるのか……。財産の分割というのは、法律による規定はもちろん、相続人の気持ち、残されたご家族のこれからの生活など、様々な要因が絡み合うものですから、簡単に進む話ばかりではありません。

「何を・誰に・どのように分けるのか」を考える前に、そもそもの話、奥さまを含めたご遺族の方が、ご主人の遺産の全容を把握していないという可能性もあります。

その場合は、まずはご主人の遺した財産を洗い出すところから始まりますが、ご主人がわかりやすい「財産リスト」を残してくれているという例はごくまれです。郵送物やメモなど、残された手がかりを少しずつたどって、財産の全容に辿り着かなければならず、大きな手間と労力がかかります。

さらに、「相続はひとつとして同じケースはない」というお話をしましたが、亡くなった人が自分にとってどんな立場の人物だったのかによって相続のかたちは異なります。

たとえば、ご夫婦の間に子どもがいるか・いないかは、相続に大きく影響します。私の印象でいえば、子どもがいる場合は、子どもたちが「残された奥さま＝お母さま」のことを優先的に考えてくれるため、相続がスムーズに進むことが多いように感じます。例外はあるかもしれませんが、「母親を差し置いて、自分がたくさん相続したい」というお子さんはあまり見られない印象があります。

奥さまのその後の生活費や生活環境に懸念があれば、これを機にお子さんと同居するという選択肢もあります。

一方で子どもがいない夫婦の場合には、ことは一筋縄ではいきづらくなってきます。

お子さんがいる夫婦の場合には、相続人は奥さまとお子さんということになりますが、お子さんがいない夫婦なら、奥さまの他にご主人の兄弟姉妹が相続人となります。兄弟姉妹はそれぞれ独立して「他の家の人」ですから、心をひとつにして相続に向き合うというのは、現実問題として難しい面があるでしょう。それぞれの考えや利益を重視して議論が沸騰することもあるようです。

実際に私がご相談を受けた相続案件で、地主家系の長男であったご主人が亡くなり、お子さんがいなかったために、奥さまが相続人として財産の多くを引き継ぐことになったというケースがあります。この場合の法定相続分は奥さまが4分の3であり、この先奥さまが亡くなると、その財産は奥さま自身の兄弟姉妹に引き継がれることになります。

しかしご主人の兄弟姉妹としては、これはおもしろくないようです。「我が家が代々受け継いできた土地や財産を、嫁の家に譲ることになるなんて」――ご主人の兄弟姉妹はこうした気持ちから、「自分たちにも相続の権利がある」と主張し、この相続は大いにもめることになってしまいました。この結末については、第2章で詳しくお話ししましょう。

また、ご夫婦にお子さんがいない場合、その後の奥さまの生活面を奥さまの甥御さんや姪御さんに頼るケースが多いようですが、そうした甥や姪がいないなら、介護サービスの活用なども検討する必要があるでしょう。すると、やはりお金の面が最大の懸念となります。

このように、様々なパターンや関係者の事情、思惑が複雑に絡み合うなかで、「奥さまがその後の人生を豊かに生きる」というゴールを実現しなければなりません。

「財産を均等に分ける」は、はたして正しいのか

財産をどのように分けるかも、非常に難しい問題です。

かつての日本では、「家を継ぐのは長男」というのが常識で、相続でも長男が優先というのが一般的でした。この考え方は一部の地域や世代によってはまだ根強く残っていて、私の経験上、80代、90代と高齢になればなるほど、「長男に最も多く財産を残したい」と考える方が多くいらっしゃるようですが、現在はこうした風潮は徐々に廃れつつあります。

特にサラリーマン家庭の場合は、「財産を子どもたちに均等に分けよう」という意識が強いことを感じています。とはいえ、親子の関係性によって「この

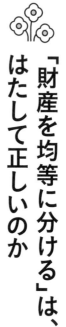

子には多めに与えたい」「この子にはいろいろ援助してきたから少なめでいい」といったように、財産の分け方に関する親側の希望は様々です。

たとえば、親の近くに住んでいて小まめに通い、自分達の面倒を見てくれる子どもには、多めに財産を残したいと考えることでしょう。しかし子どもによっては、「親の面倒を見たかどうかにかかわらず、公平に財産を分けてほしい」と捉えるかもしれません。もちろん、不動産などきっちり分けられない財産もありますから、完全に均等というのは現実問題として不可能かもしれませんが、このように親の意思と子の意思が異なる場合は、争族のリスクは非常に高いといえます。

「均等な財産分割」には、先祖から受け継いできた財産が細分化されてしまうという問題もあります。

たとえば、亡くなったご主人が６億円の財産を持っていて、それを奥さまと３人のお子さんに法定相続分で分割する場合を考えてみましょう。単純にいえば、奥さまには３億円の財産が、お子さん３人にはそれぞれ１億円ずつ財産が相続されることになります。奥さまが亡くなると、奥さまが相続した財産がお子さんそれぞれに分割されますが、さらにそれぞれのお子さんが亡くなったときには、お子さんのお子さんに分割し……といったように、財産分割の繰り返しによって、もともとのまとまった財産が細かく分かれていってしまいます。この例でいえば、1家庭で6億円だった財産が、わずか2代で各家庭1億円という状態に細分化されるわけですから、問題はとても深刻です。

財産が分かれていくのを仕方がないことだと受け止める人もいますが、特に難しいのが、不動産をたくさん所有する地主の方の場合です。

地主が相続するものは主として土地になります。先祖代々受け継いできた大切な土地ですから、大半の地主さんは土地を分割して次の世代に相続したくないと考えるでしょう。先祖から受け継いだ広い土地、多くの土地を将来においても維持していけるよう、様々な対策を講じなければなりません。

相続対策の必要性はわかっていても……

これまでに「夫に先立たれたあとの生活も考えなければ」「相続のことも考えなければ」という気持ちを抱いたことのある方でも、実際に準備を進めているという方は、さほど多くありません。

その理由のひとつとして、相続は専門的な難しい内容だというイメージのために、準備を敬遠する気持ちが大きいようです。

事実として、相続というのは非常に煩雑な手続きを要することになります。そのために私たちのような専門家が存在するのですが、先の調査で相続手続きを終えての実感を尋ねたところ、半数が「とても大変だった」「やや大変だった」と回答しています。大変だった内容として最多だったのが、「手続きの多さ・複雑さ」であり、「金融資産の相続手続き」「不動産の相続手続き」「家族との話し合い・家族関係」と続きました（44ページ参照）。

手続き面の複雑さや煩雑さはもちろん、人間関係における難しさが挙げられ

相続手続きで大変だったことは？

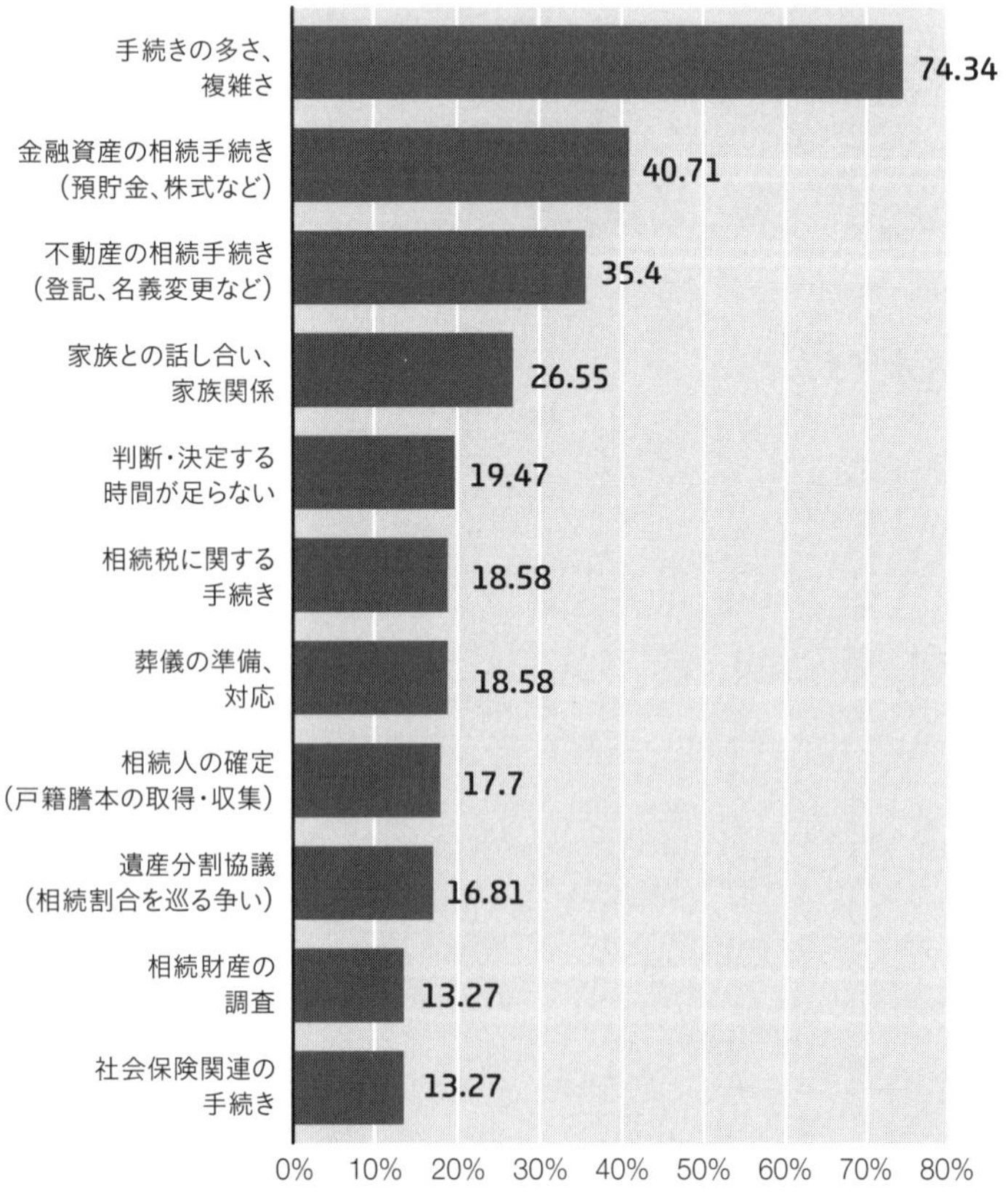

遺産相続弁護士相談広場 編集部「遺産相続のご経験に関するアンケート」（2021年2月発表）をもとに作成

ているというのは、大いに留意すべき部分だと思います。

相続の準備を進めない理由としてもうひとつ考えられるのは、夫を持つ女性独自の要因として、「夫の死」を想定した内容である相続について本人に言い出しにくいということもあります。

先に述べた通り、近しい人の死をリアルに想像するというのはどうにも嫌なもので、それを本人に直接伝えるのはなおさらです。ご主人にむかって、「あなたが死んだあとのことを考えたい」とストレートに伝えられる人は、さほど多くないでしょう。

これは「夫の相続」にかぎった話ではなく、「親の相続」についてもいえることです。生前のうちに遺言書を書いておいてもらいたいと考えても、年老いた両親にとっては、「自分が死ぬことを望んでいるのか」などと曲解され、要らぬトラブルを招くこともあるかもしれません。

私自身、こうした心理的な問題もあって積極的に相続対策を講じることなく、実際に相続が発生してから戸惑う方々にたくさん出会ってきましたが、「もっと早くから準備をしておけば、スムーズに進められたかもしれない」と思う場面が多々あります。

ほとんどの人は、「多くの人は実際に相続が発生してから対応しているわけだから、躍起になって準備することはないのでは？」と考えるかもしれません。実際にそれでもなんとかなっているのも事実としてありますが、私がこれまでの経験から断言できるのは、準備をしないで臨んだ相続と、準備をして臨んだ相続とでは、その後の負担に雲泥の差があるということです。

「夫の死」という精神的なダメージの大きいなかで相続の煩雑な手続きを進めるのはとてもつらいことですから、その事態が起こったときにアタフタと対処すると、満足できない結果に終わるかもしれません。そうであれば、「夫の死」という悲痛な出来事を乗り越えて新たな人生を一歩ずつ前進するためにも、やはり事前に対策をしておくことをおすすめします。

相続をスムーズに進めるための3つの基本

相続準備で代表的なものが、遺言書の作成です。「自分の財産のうち何を・誰に・どのくらい分ける」ということが故人の意思としてしっかりと残されていれば、ご家族としても納得できるでしょう。

遺言書があれば相続トラブルの多くを回避できるというのは事実ではありますが、実は遺言書は万能ではないことに注意が必要です。

遺言書を作成して以降、月日が経つにつれて相続人の状況は刻一刻と変化していきます。遺言書作成時には現役バリバリで働いていた人が定年退職を迎え、学生だった孫は社会人になり、一部の相続人が亡くなり……というように。そうするとせっかく遺言書を作成しても、遺言書が相続人の状況に合わせた内容になっていなければ、相続人としても納得できず、トラブルにつながる恐れもあります。

遺言書を作成するポイントは詳述しますが、相続対策の第一歩として私がまずおすすめするのが、相続の基本の流れをしっかり理解することです。

もちろん、これは非常に専門的な内容ですから、詳細について理解する必要はありません。しかし、「夫が亡くなったら、まず何をすればいいのか」「どのような手続きが必要なのか」「相続税が発生するか否か、いつどのようにわかるのか」など、大きなフレームでもかまわないのです。

多くの人は、相続の全容を知らないがゆえに、面倒がって敬遠してしまっているような印象を受けます。相続はたしかに複雑な面がたくさんありますが、どのような手続きがどのような順序で必要なのか、死後いつまでに完了させなければならないのかを理解していないからこそ、相続という一種のプロジェクトを「先の見えない終わりのないトンネル」のように捉え、その大変さを恐れているのではないでしょうか。

しかし、相続をスムーズに進めるために必要なのは、次の3つだけです。

①「もしも夫が亡くなったら」を具体的に想像し、起こりうる問題を想像して心構えをしておくこと

②相続で起こりうる問題に対して、「残された自分が、人生を豊かに生きる」という視点を最重視して対処すること

③①と②を踏まえ、相続の基本の流れを、簡単にでも事前に理解しておくこと

本書ではこれらのポイントをより掘り下げて解説していきますが、そのファーストステップとして第２章では、実際の相続のケースから、相続に付随して起こりうる問題を具体的に考えていきましょう。

第2章

トラブルの実例に学ぶ

残された妻や家族を困惑させた5つの相続の話

ひとつとして同じ「相続現場」は存在しない

相続の現場は十人十色で、相続人の属性や相続する財産、家族構成や関係者の性格などによって、進み方は大きく異なります。ある相続事例での解決策は他の事例では通用しないというのもよくあることで、相続をスムーズに進めるための「絶対解」は存在しないのです。

つまりはその状況に応じた「最適解」を探し当てるしかないのですが、私はこれまでの経験上、「こんな場合はトラブルが起こりやすい」、あるいは「このようなケースではこうした解決策が有効」といったパターンがいくつかあることを感じています。そこで本章では、これまで私がお手伝いした5つの事例から、残された妻、およびご家族が巻き込まれる可能性のある相続トラブルの実態やその解決策、そこから得られる教訓についてお話ししていきましょう。

事例1

「残された妻と子どもたちの相続」のお話

夫　浩二さん（享年62歳）　会社員
妻　春子さん（59歳）　専業主婦
長女（30歳）
長男（28歳）

「なんだか胃が痛むんだよな……」

ある日の夕食時に、春子さん（59歳）は夫の浩二さん（62歳）から打ち明けられました。

「病院に行って来たら？」

「そうだな」

このときは、ふたりともさほど深刻と捉えていませんでした。その数日後に浩二さんが病院を受診したのですが、検査を受けてみたところ、スキルス胃がんが見つかったのです。スキルス胃がんは初期症状が現れにくく、進行が速いのが特徴です。浩二さんは既にステージ4で、他の臓器への転移が見られるという状態でした。そして残念ながら、半年後に亡くなってしまったのです。

夫の突然の死に、春子さんはなかなか心の整理をすることができませんでした。当時の浩二さんは定年前で現役のサラリーマンだったということもあり、まさかこんなに早く夫を失うなんて想像すらしていなかったのです。

「定年して時間ができたら、ふたりでゆっくり海外旅行に行きたいね」

お互い間近に迫ったセカンドライフを心から楽しみにしていて、そんな会話を繰り返していたことが、春子さんにははるか遠い昔の出来事のように感じられました。

夫を亡くした大きな悲しみや喪失感に苛まれていても、残された妻はこれまで通り生活を送っていかなければなりません。春子さんは浩二さんの死後1カ月ほどして、ようやく相続の問題に本格的に向き合うことを決めました。

浩二さんが残した財産は、約9000万円でした。そのおおまかな内訳は、自宅が３０００万円、金融資産が５０００万円、生命保険が１０００万円です。

自宅を購入した際の住宅ローンが残っていましたが、団体信用生命保険に加入しているので残高はゼロになりました。浩二さんは大手企業に勤めていましたから、春子さんは退職金の支払いを受けられる他、企業年金もあります。春子さんと浩二さんは職場結婚で、春子さんは結婚を機に退社して、以降は専業主婦として２人の子どもを育ててきました。春子さん自身には収入はありませんが、１人で生活するには十分な財産を夫がちゃんと残してくれたといえます。

私は、浩二さんが亡くなって数カ月後に、春子さんから「相続税の申告の手伝いをしてほしい」とご相談を受けました。ご状況をうかがうと、春子さん夫婦の子どもは２人とも既に就職しており、それぞれ家を出ていました。そこでまずは、春子さんと子ども２人に集まっていただき、相続について話し合う時間を設けることにしたのです。

この話し合いの場で春子さんがまず切り出したのが、二次相続のことでした。「二次相続のことを考えたほうがいいとすすめられたのですが……」とのことで、具体的に聞くと、親戚から「一次相続で子どもにある程度の財産を渡しておかなければ、二次相続で相続税の負担が重くなる」というアドバイスを受けたそうです。

たしかに、この意見は間違いではありません。相続税は、相続する額が増えればそれだけ負担が増しますから、今回の一次相続で春子さんが多額の財産を受け取ると、春子さんの死亡時にこの財産がそのまま子どもに相続され、多額の相続税が発生する恐れがあります。

「将来的に子どもに負担をかけないためにも、一次相続で子どもにも夫の遺産をしっかり渡しておいたほうがいいのでは……」と、春子さんは大いに悩んでおられました。

ただしここで知っておくべきは、二次相続対策は後からでも可能ということです。具体的にいつ二次相続が発生するのかは未知数ではありますが、この一次相続時が対策のラストチャンスというわけでは決してありません。たとえば、浩二さんの遺産のほとんどを春子さんが相続したとしても、その後子どもに少しずつ生前贈与を行うだけで、十分な効果が見込めます。

このケースにおいてまず重視していただきたいのは、いつ来るかわからない二次相続ではなく、春子さんの今後の生活です。

とはいえ、春子さんのように二次相続の不安に取りつかれている方であれば、そう簡単には不安を拭い去れないかもしれません。そのような場合には、一次相続と二次相続でどのくらい税負担に差があるのか、具体的にシミュレーションをするのもひとつの手です。二次相続で発生しうる相続税額を想定することで、子どもとしてどう支払えばいいのか、具体的な対策を考えることができます。一次相続時に対策を立てておかなければ支払えない額なのか、一次相続後に対策を行うので十分払える額なのかを踏まえた上で、一次相続時に二次相続対策を取るべきか否かを検討していただきたいと思います。

この事例においても、一次相続と二次相続のシミュレーションを様々な観点から行いましたが、その過程で、２人のお子さんが春子さんに次のようにおっしゃいました。

「お母さんはまだ若いし、今後の人生は長いんだから、お父さんの財産は全部もらっておきなよ。二次相続の税金なんて、そこまで大きな額じゃないんだから。それより、お母さんの生活のほうがよっぽど大事だよ」
「そうよ、お母さんが90歳まで生きるとしたら、あと30年近くもあるよ。そんなに長い人生なんだから、やっぱりお金が必要でしょう」

お子さんたちにこのような言葉をもらったことで、春子さんは浩二さんの財産をすべて相続することを受け入れ、それにお子さんたちもすぐさま合意しました。そしてこの遺産分割の話し合いは幕を閉じたのです。

POINT

どんなときでも「妻目線」の相続を

私はこれまで、この春子さんのケースと同様、夫を若くして亡くした妻の相続をお手伝いしたことが多々ありますが、もめたケースはほぼありません。子どもが「母親が全財産を相続すればいいと思う」と言ってくれる場合がほとんどだからです。

特に夫が突然亡くなった場合に、この傾向は顕著なようです。子どもとしては、予期せぬ不幸な出来事で悲嘆する母親をまず心配するようで、「母親が困らないように」という姿勢で相続に臨んでくれることが多いのです。春子さんのように「財産を子どもにも分けておきたい」と考える方も多いのですが、それを子どもが拒むという例も少なくありません。

夫の死というのは、残された妻に精神的にも経済的にも大きなダメージを与えます。そんな大変な場面において、妻の方は何よりも「自分の人生」を中心に相続のことを考えていただきたいと思います。さらにここで覚えておくべきは、残された妻が豊かな人生を送るというのは、子どもの願いでもあるということです。そう考えると、相続において自分がどう行動すべきかが、自ずと見えてくるかもしれません。

事例2

「残された夫の相続」のお話

夫　一雄さん（85歳）元会社員
妻　小夜子さん（享年80歳）専業主婦
長男（50歳）アメリカ在住

一雄さんと小夜子さん夫婦は、もう10年くらい前から、ご夫婦の相続について話し合っていました。一雄さんの財産は自宅不動産と金融資産です。小夜子さんは専業主婦でしたが、自分の親から相続した金融資産が5000万円ほどありました。夫婦共に、金銭的にはとても豊かだったといえます。

「自分たちの財産は、老夫婦が2人で暮らす分には十分すぎるほどだから、どちらが亡くなってもお金に困ることはないだろう」――それが共通意見でした。

何の心配もなさそうに見えるこの夫婦が相続について話し合っていたのは、

二次相続が気にかかっていたからです。もしも一雄さんが先に亡くなって小夜子さんが財産を相続した場合、そのあとに小夜子さんが亡くなって二次相続が発生すると、長男の相続税の負担がとても重くなってしまいます。そこで決めたのが、一雄さんに万が一のことがあったら、長男にすべて財産を相続させようということでした。

先に述べたように、小夜子さん自身５０００万円の金融資産があり、一雄さんが亡くなったら遺族年金も出ます。そのため、小夜子さんは一雄さんの財産を当てにしないでも十分生活できる目算がありました。

「あなたが亡くなっても、私はあなたの財産を相続しないでいいわ。あの子に全部渡しましょう」

「二次相続で大変な思いをさせるより、そのほうがいいな」

――こうした話し合いのもとに、それぞれが遺言書を書くことにしました。

「一雄さんが亡くなった場合、すべてを長男に相続する。小夜子さんが亡くなった場合も、すべて長男に相続させる」という内容です。これで相続対策は万全かと思われました。

「お前も財産があるから、俺が死んでも生活には困らなそうだな」

「もしかすると、先に私のお迎えが来るかもしれないわよ」

「そんなわけないだろ。俺のほうが年上だけど、女のほうが長生きじゃないか」

そんな冗談混じりの会話をしていたことにうかがえる通り、ご主人も奥さまも、一雄さんが先に亡くなることを疑わなかったのです。ところが、先に亡くなったのは小夜子さんでした。肺炎をこじらせて重症化し、あっという間の出来事でした。

「小夜子がいない生活なんて、これからどうすればいいんだ」


一雄さんはお金の心配こそなかったものの、それまで身のまわりのことはすべて小夜子さんに頼っていました。ご飯を作ったこともなければ、洗濯したこともありません。ゴミ出しの曜日もわからないし、そもそもゴミの集め方もわからない。洗濯だって、洗濯機のどのスイッチを押せばいいのかわからないし、とりあえず電源を入れてスタートボタンを押してみたものの、水が出てこない……。どうやら小夜子さんは、洗濯のたびに蛇口を開け閉めしていたようでした。

すっかり途方に暮れてしまった一雄さんですが、こうした男性は非常に多いと思います。たとえ財力があっても、生活力がなければ生きていけません。こうした場合、子どもが世話をしてくれるパターンも多いのですが、長男はアメリカに駐在していて、一雄さんの生活をサポートすることができなかったのです。

長男は葬儀のために一時帰国したのですが、そのときに一雄さんの今後の生活のことをいろいろと決めなければなりませんでした。食事は宅食サービスを申し込み、それまで台所に立ったことがない一雄さんに、お米の炊き方やレトルト食品の温め方を教えました。これで食事はなんとかなりそうですが、一雄さんが覚えるべきは料理だけではありません。洗濯の仕方、掃除機の使い方、ゴミ出しの仕方……。改めて考えると、生活には実に様々な「仕事」があることに気付かされます。

こうしたことをすべて教え込むのに辟易して、長男は一雄さんに尋ねました。「親父がここに住み続けるなら、こうした家事を自分でやらなきゃいけないけど、大丈夫？　それとも、今は高齢者用の賃貸住宅もいろいろあるらしいから、施設に住む？」

長男としては、たとえ一雄さんが家事をマスターしたとしても、85歳という高齢の父親をひとりで住まわせるのは、非常に心配です。しかし一雄さんは首を横に振りました。

「年寄りばかりが暮らしている施設は嫌だ、慣れたこの家に住んでいたい」

長男としては、嫌がる一雄さんを無理やり施設に入居させるわけにもいきません。

「わかった。じゃあ、どうしても生活が難しくなったら考えようか」

そして一連の葬儀が終わってアメリカに戻ったのですが、どうしても一雄さんのことが気にかかり、インターネットでいろいろな施設を調べてみました。するると、施設に入るにしても、身元引受人や緊急連絡先が必要だということがわかったのです。自分がアメリカにいる以上、施設に入れるのも容易ではなさそうだと気づき、「異動願いを出して、帰国するしかないかな……」と、頭を抱え込んでしまいました。

POINT

妻が先立つ可能性も想定しておこう

　このケースで不幸中の幸いだったことは、遺言書があったので相続で手間取ることはなかったという点です。一雄さんも小夜子さんもお互いに遺言書を書いていたというのは、とても素晴らしいことであり、遺言書を残すことで相続の様々なトラブルをかなり回避できます。

　ただし、それはあくまで財産に限った話であって、この一雄さんのケースのように、生活面の様々な問題を解決することはできません。

　私が相続の相談を受けるなかで感じていることですが、たいへん多くのご夫婦が「先に死ぬのは夫」と思い込み、疑わないでいるということです。これは先の一雄さんの言葉にもうかがえますが、女性のほうが平均寿命が長いということもあるでしょう。

　女性の方の多くは、専業主婦であれ兼業主婦であれ、一通りの家事能力を持っているものです。しかし夫はといえば、特に年代が上の方であれば「家事は妻任せ」という方が多く、この事例のように妻が先に亡くなると、お金はあっても生活が立ち行かなくなるという残念な事態に陥ってしまいます。

こうしたリスクを回避するためには、夫と妻が両方元気なうちから、夫の生活力を育てていく努力が必要です。

相続というと、お金など資産面のことがまず頭に浮かぶことと思いますが、このような「生活力」のことも同様に重視しなければなりません。第1章では、女性のほうが長生きする傾向にあるというお話をしましたが、もちろん夫のほうが生き残ることもあるということを念頭に据える必要があります。

夫婦で相続について話し合うときには、お金に関わることは遺言書を書いておく。そして生活のことについても、どちらが先に亡くなるにせよ、「残された方はどうやって生活するか」を具体的にイメージしていただき、生前から準備を進めておいていただきたいと思います。

事例３

「子どもがいない夫婦で、末っ子長男だった夫の相続」のお話

夫　洋介さん（享年78歳）　元会社員
妻　和子さん（70歳）　専業主婦
子どもなし

洋介さん（78歳）と和子さん（70歳）夫婦には、子どもはいませんでした。洋介さんの実家は不動産を多く所有していて、洋介さんは姉２人の末っ子長男です。親から複数の不動産を相続し、そのうちのひとつを自宅として、あとは収益物件として保有していました。

そんな洋介さんが亡くなると、ひと騒動が起こりました。洋介さんの姉２人が和子さんに対し、「自宅とマンションを本家に返してほしい」と言い出したのです。

洋介さんが残した財産の価値は、自宅が約4000万円、マンションが約6000万円、金融資産が約4000万円ほどでした。洋介さんの生前、和子さんと姉2人との関係性は決して悪くはありませんでしたが、洋介さんの死後になって「自宅とマンションを本家に返してほしい」と主張してきた姉2人に、和子さんは非常に困惑しました。

姉2人からしてみれば、「弟の持っている不動産は、もともとはうちの家系が引き継いできたものなのだから、嫁の家系に渡るのは納得がいかない」という気持ちが強いようです。「洋介の不動産を和子さんが相続すると、和子さんが死んだときには、和子さんの兄弟や親戚にうちの財産が渡ることになるじゃない」――姉2人からそう頑なに主張され、困り果てた和子さんが私に相談しに来たのでした。

洋介さんと和子さんが築いてきた金融資産を渡してほしいとは言われなかったものの、保有不動産計1億円分を本家に戻してほしいとのこと。この要望に応じれば、和子さんの住む家もなくなってしまうわけですから、ことは非常に深刻です。そこで、洋介さんの姉2人に和子さんの自宅に来ていただいて、遺産分割協議を行うことになりました。

重苦しい雰囲気の中で、姉2人の意見はやはり変わりませんでした。

「不動産は、うちの家が代々受け継ぎ、後世に渡してきたものなんです。だから、よその家に渡す道理はありません」

和子さんはずっとうつむいたままでしたが、私は「和子さんはどのようにお考えですか？」と尋ねてみました。

「私は、この家に住み続けたいです。お姉さんたちの気持ちはわかりますが、すべての不動産を渡すのには、どうしても同意できません」

相続の際には「法定相続分」といって、法律上で各相続人の取り分が定められています。これについては第3章でご説明しますが、このケースにおける法定相続分は、妻である和子さんが4分の3で姉2人はそれぞれ8分の1。姉2人分を合わせても4分の1となりますが、財産の総額が計1億4000万円ですから、姉2人が相続できるのは3500万円相当です。

姉2人が法的な手段に訴えて「不動産をすべて本家に返してほしい」と和子さんに迫ったとしても、2人の主張が認められるとはとても思えません。しかしそれぞれの主張はいつまでたっても平行線で、まったく埒が明きませんでした。そこで私は、両者を和解させる策として、次のプランを提示しました。

① 自宅とマンションは和子さんが相続する。ただし和子さんは、「将来自分が亡くなったら、夫の一番上の姉の息子（洋介さんの甥っ子）に相続させる」という遺言書を書く

② 金融資産4000万円のうち、法定相続分の8分の1にあたる500万円ずつを、姉2人それぞれに渡す

この内容であれば、和子さんの「自宅に住み続けたい」という意思も、姉2人の「うちの家が受け継いできた大切な土地を、よその家系に渡したくない」という希望も、いずれも叶えることが可能です。しかし最初のうち、姉2人は「不動産を渡してほしい」の一点張りで、その後も1時間ほど話し合ったものの結論は出ないまま、1回目の遺産分割協議は終わりました。

しばらくして和子さんの自宅で2回目の遺産分割協議が行われ、この日も1時間ほど話し合いましたが、姉2人が意思を変えることはありませんでした。そこで3回目の協議は、雰囲気を変えるために銀行の会議室で行うことにしました。

なぜ、遺産分割協議を行う場所を変えたのか。和子さんの自宅というのは、姉2人が要求している不動産でした。遺産分割協議を行う場所を自宅にしているために、姉2人の「この土地を返してほしい」という気持ちをますます頑なにしているのではないかと感じたからです。誰にとっても中立的な場所で話し合えば、少しは態度を変えてくれるかもしれない。場所を変えたのが原因かはわかりませんが、実際にこの日の姉2人はそれまでよりも穏やかな話しぶりで、最終的には提示した内容に合意してくれました。

「和子さんの生活があるのもわかるわ。でも、和子さんが遺言書を残せば、亡くなったあと、不動産は本当にうちに戻ってくるの？」

「ちゃんと戻ってきますよ。むしろ、このまま話し合いが決着せずに裁判になったら、基本的にお姉さんたちは、法定相続分である8分の1の財産をもらうことになります。また、相続では相続人は法律上定められた最低限の相続割合があり、これを『遺留分』といいますが、亡くなった人の兄弟姉妹には、この遺留分がないのです」

私がそう説明すると、姉2人は「わかったわ。必ず遺言書を書いてくださいね」と先の内容を受け入れてくれて、ようやくこの遺産分割協議は決着したのです。

POINT

子どもがいない夫婦の場合は必ず遺言書を

この事例の姉2人は、洋介さんと和子さん夫婦の自宅の近くに住んでいました。姉2人と洋介さんの家族は、お盆やお正月などの折々に本家である洋介さんの家に集い、家族ぐるみで交流していて関係性は良好だったといいます。

地域によっては、まだ「本家と分家」「家を継ぐ」「家を残す」といった考え方が根強く残っているエリアもあります。実は和子さんが洋介さんと住んでいた家は、洋介さんと姉2人が生まれ育った場所だったそうです。それゆえ、姉2人は「思い出の残る土地を返してほしい」という気持ちがあったのでしょう。姉2人は家を想う気持ちが強かっただけのことで、誰も悪いわけではないと思います。

遺産分割協議が終わったあとに、和子さんは私にこんなことを漏らしました。

「お姉さんたちにとって思い入れがある土地かもしれないけど、私だって、洋介さんと40年以上暮らした場所だから、出て行くわけにはいかないわ。洋介さんが、生きているうちにこうなることを見越して、遺言書を書いておいてくれればよかったのに……」

これはまさにその通りで、もともとは「本家の土地」だったとしても、その土地で和子さんと洋介さんは新しい歴史を築き、生活の基盤にしていたのですから、和子さんの気持ちもよくわかります。

このように、夫が末っ子長男である場合、特に夫婦に子どもがおらず、実家から受け継いだ保有不動産が多い場合には、相続トラブルを防ぐ最も有用な手立てとして遺言書があります。このケースにおいても、洋介さんが生前に「不動産はすべて和子さんに残す」という遺言書を書いておけば、ことはスムーズだったでしょう。

もちろん、姉２人が遺言書の内容に意義を申し立てる可能性もありますが、遺言書とは洋介さんの意思そのものです。洋介さんの言葉で不動産の相続方法が指定されていれば、姉２人も納得しやすかったかもしれません。また、「和子の存命中は自宅や不動産は和子が所有するが、和子の死後は本家に返す」ということを夫婦で共有し、和子さんもあらかじめ遺言書を書いていれば、ここまでもめることはなかったと考えられます。

子どもがいない夫婦の場合、財産は妻の他、兄弟姉妹または甥っ子や姪っ子などに相続されることになります。このときに、夫の実家が「本家」という思想を強く持っている場合には、夫の死後にもめてしまう可能性があることを必ず視野に入れて、夫婦が元気なうちに遺言書を残すことを考えていただきたいと思います。

事例4

「収益物件をたくさん保有する夫の相続」のお話

夫 太郎さん（享年91歳） 不動産オーナー業
妻 鶴子さん（85歳） 専業主婦
長男 （60歳）

長女（55歳）

91歳で亡くなった太郎さんは、東京23区内に不動産を持つ地主でした。所有する物件の内訳は、自宅、賃貸マンション２棟、駐車場１件の計４つです。これに加えて金融資産もありました。

生前の太郎さんは、90歳を越えても不動産をすべて自分で管理していて、どの賃貸マンションのどの部屋がいつ空いたのかをすべて把握していたほど、若々しい頭脳の持ち主でした。私の経験でも、不動産管理などで常日頃から数字と向き合っている方は、高齢になっても頭がしっかりしている人が多いという印象があります。

太郎さんが亡くなったあとに、残された妻である鶴子さんから「相続のことでいろいろ相談に乗ってほしい」とご連絡をいただき、お手伝いをさせていただくことになりました。

相談当時、鶴子さんは太郎さんより６つ下の85歳でした。太郎さんの財産についてはほとんど知らされておらず、賃貸マンションを持っているということはかろうじて知っていましたが、どこにどんな物件があるのか、何部屋あるのか、その実情がまったくわからなかったのです。

さらに太郎さんは、日々の生活資金も一手に管理していました。たとえば、公共料金の支払いは銀行引き落としではなくコンビニ払いでしたが、鶴子さんは毎月太郎さんから現金を手渡され、振込用紙を持ってコンビニへ支払いに行っていたといいます。

どこにどれだけ財産があるかわからないし、だから相続税額も検討がつかないし、そもそもお金の管理の仕方もわからない——この相続のスタートは、そんな五里霧中の状態でした。

太郎さんと鶴子さんには、子どもが2人いました。太郎さんの死後は娘さんが実家に来てくれましたので、財産探しを手伝っていただきました。

「太郎さんが使っていた銀行をご存じですか？」

「確か、○○銀行だったわ」

「不動産会社から郵便物が届いていたことはありませんでしたか？」

「あるわ。お父さんの机に置いてあると思うわ」

「太郎さんが、株の優待券で買い物をしていたことはありますか？」

「そうね」

こうしたことを一つひとつ質問し、娘さんにも記憶をたどってもらい、太郎さんの財産の全貌が徐々に明らかになってきました。銀行や不動産会社に確認し、また、私も相続税の財産評価を行った結果、自宅不動産が１億円で、賃貸マンションが２棟で計３億円、駐車場１カ所で５０００万円、金融資産５０００万円の計５億円の財産があることがようやくわかったのです。

財産の総額が明らかになったら、次に行うべきは相続税の計算です。鶴子さんと２人の子どもが法定相続分通り相続するとなると、相続税は７０００万円ほどとなり、金融資産５０００万円では納税資金が２０００万円足りません。

そこで、鶴子さんと２人の子どもに集まっていただいて遺産分割協議を開き、私は３人に相続税の納税資金が足りないことをお伝えしました。鶴子さんは財産をまったく保有しておらず、「２０００万円も足りないなんて、私は全然持ってないわ」とうなだれていました。

「駐車場の価値は、５０００万円です。これから管理も大変でしょうし、これを売って2000万円分を相続税に充てるのはいかがでしょうか?」

私からのこの提案に鶴子さんはすぐさま賛成し、2人の子どもも「それがいいと思う」「お母さんの好きにしたらいいよ」と納得してくださったので、話し合いはスムーズに終わりました。

POINT

財産は夫婦でしっかり共有しておく

この事例から得られる教訓としては、まずは生前から夫婦やご家族でコミュニケーションを取り、財産を共有しておくことがいかに大切か、ということでしょう。

収益不動産を複数所有している方のなかには、この太郎さんのように、自分ひとりで管理に関するすべてのことを抱え込んでしまうタイプの方が多く見られます。太郎さんにとっては、不動産を自分で管理するのがひとつの生きがいだったのかもしれません。太郎さんは亡くなるまで頭がしゃっきりしていて認知症などの症状もまったく見られず、ご家族は「日常的に数字を扱うことで、老化の防止にも役立っているのかもしれない」と考えていました。財産の全貌を家族に共有してほしいという気持ちもあったものの、太郎さんのこの仕事を無理やり取り上げることをためらっていたのです。世代的にも、妻である鶴子さんが、夫の財産の管理に口出しできない雰囲気もあったのでしょう。

しかし夫が財産をすべて管理していて他の人に共有していなかった場合には、この事例のように死後に財産を一つひとつ洗い出す作業が発生します。具体的な方法は第３章でお話ししますが、これが非常に大変なのです。

こうしたトラブルを防ぐためには、夫婦でお互いにコミュニケーションを取り、夫がどんな財産を持っているかをある程度は把握しておくことが必須です。この事例では、納税資金が足りないとわかっても、駐車場を売ることで比較的簡単に解決できましたが、なかには「不動産を売っても納税資金が足りない」というケースもありますし、そもそも不動産を売るのにも時間がかかるので、納税期限までに間に合わない可能性もあります。

こうしたリスクを考えても、夫のみなさんには、ご自身の死後に残された妻が困らないように、所有する財産を一覧化しておく、相続税の納税額を想定して捻出方法を遺言書で指示しておくなど、元気なうちに相続対策をとっておいていただきたいと思います。

事例5

「経営者の夫の相続」のお話

夫　健さん（享年67歳）　会社経営
妻　友美さん（65歳）　専業主婦
長女（37歳）
長男（35歳）

夫の健さんは、父から受け継いだ建設会社を経営していました。社員50人ほどの会社ですが、東日本大震災の復興需要やオリンピック景気などによって、ここ10年ほどは業績好調だったようです。

子どもは2人で、娘と息子が1人ずつ。長男は大学を出て大手商社に入社し、健さんの会社を継ぐ意思はありませんでした。長女は結婚して家を出ていましたが、その夫も健さんの会社で働いているわけではなく、健さんの兄弟もこの会社には在籍していません。つまり、健さんの親族は誰も会社を継がないと早くからわかっており、健さんは子どもに無理に継がせるつもりもなかったため、早いうちから会社を従業員に承継しようと準備を進めていました。

健さんは5年ほど前に軽い脳梗塞で倒れたこともあり、右腕的な存在の役員1人を後継者に決めていました。ただし、健さんの会社は業績が好調でしたから自社株式の評価が高くなっていて、それが従業員承継の大きなネックになっていました。後継者が自社株式を買い取るのに、通常の役員報酬では難しい状況だったのです。そこで健さんは後継者の役員報酬を引き上げ、保有していた自社株式を少しずつ買い取ってもらっていました。

そんな矢先に健さんは脳梗塞を再発させ、67歳で亡くなってしまったのです。

残された友美さんはまだ65歳で、これから長い老後生活が待っています。健さんは自身の健康に不安があったため、生前から友美さんに「もしも自分が死んだら、会社から死亡退職金1億円が出るから、それを生活費にしてほしい」と話していました。それで友美さんも安心していて、健さんの葬儀などが落ち着いてから、後継者に連絡して次のように尋ねました。

「うちの人から、会社から死亡退職金が出ると聞いたんだけど……」

「詳しいことがわからないので、社内で確認します」

口を濁すような後継者の言葉に、友美さんはなんだか嫌な予感がしましたが、残念ながらその予感は的中してしまいました。その後しばらくして後継者から連絡がありましたが、その内容は予想外のものでした。

「死亡退職金は、2000万円です」

「えっ？　夫からは1億円だと聞いていたのですが……」

「申しわけありませんが、会社のこれからの経営のこともありますから、そんなにお出しできないのです」

友美さんは絶句しました。1億円と2000万円では大違いです。よくよく話を聞いてみたところ、次の事情があるようでした。

健さんの会社は業績は好調でしたが、カリスマ性の高いトップであった健さんを突然失い、営業面に大きな不安を抱えることになりました。健さんは前線でバリバリ活躍するタイプの経営者で、「ここぞ」という大型案件を受注するときは、自ら出向いて商談を行っていたのです。実際、健さんは地元の協会の理事を務めるなど、地域では業界の顔といった存在でもあり、社内にも社外にも影響力の大きい存在でした。

後継者も能力の高い人物ではありましたが、経営者としての経験値がない状態で、健さんと同じように会社を経営していけるとは限りません。あらゆるリスクを想定して、できる限り会社にお金を残しておきたいと考えたのです。それは後継者として正しい判断であり、他の幹部たちもこの考えに同意していました。

こうした事情から、会社の大切な資金である1億円を友美さんに支払うことをやめ、２０００万円という金額が決定されたのです。

死亡退職金の支給には、株主総会の決議が必要となります。先にお話しした通り、健さんは自社株式を後継者に着々と移していて、既に70％を後継者が保有している状態でした。一方で、友美さんが健さんから相続した株式は30％です。これではたとえ友美さんが株主総会で異議を申し立てたところで、過半数の賛成とはなりません。70%の株を保有する後継者が賛成することが、会社の決定事項となるのです。

友美さんは困り果てて長男にも相談しましたが、「これぱっかりは仕方ない」と、解決策は見つかりませんでした。1億円の死亡退職金は手に入らなかったものの、健さんは自宅不動産や金融資産などの財産を友美さんに残していたために、今後の生活に困窮することはなさそうでしたので、結局友美さんは2000万円の死亡退職金を受け取ることに渋々ながら合意しました。

POINT

「会社の将来」も「妻の未来」も考える

実はこの事例において、健さんが友美さんへ1億円を確実に残すために打つ手があります。それは、友美さんを受取人とする生命保険に入るという方法です。

実は健さんは、会社の経費で保険料を支払っていたために、生命保険金の受取人は会社となっていました。こうすれば会社を経営する上で大きな節税効果を期待できますから、経営者の方はこのスタイルで生命保険に加入するパターンが多いのです。しかしこの場合、経営者の死後会社に入った生命保険金が、そのまま残された妻に渡るとは限らないことには注意が必要です。

この事例のように、後継者や役員陣の意思によっては、「生命保険金全額を遺族に渡さない」ということも可能です。経営者の死というのは大きなインパクトを孕《はら》む出来事であり、残された後継者や役員陣としては社員の生活も大切です。そのため、いくら先代への恩義があるにせよ、会社の未来のほうが大切という結論に至っても誰も責めることはできません。

経営者としては会社を経営する上で節税効果ももちろん大切ですが、夫として考えたときに最も大切なのは、残された妻の人生です。会社の未来のことは後継者や社員が考えてくれますが、残された妻のことを考えてあげられるのは、夫だけなのです。そう考えると、目先の節税効果を取るべきか、これまで自分を支えてくれた大切な妻の安心を取るべきか、新たな視点で考えることができるのではないでしょうか。

「女性経営者の相続」と「おひとりさまの相続」のお話

事例5では「経営者の夫の相続」のお話をしましたが、最近では女性経営者の方の活躍も増えています。「残された妻」が女性経営者で相当な財産を持っているケースも多く、この場合は生活費や相続税の心配はなさそうに思えますが、こうした方が相続に関して考えるべきことが、ご自身が亡くなったときの会社の相続です。

先の**事例5**と同様、会社を誰に承継するか、自社株式をどのように引き継いでいくかの経営面はもちろん、承継者を誰に指定するかも重要です。私が経営者の方から時折相談を受けるのが、「承継する人がいない」というケースです。なかには独身でキャリアを築いてこられた方もいて、遠縁の親戚に相続するのは気が進まないというご希望の方もいます。

「承継する人がいない」というのは女性経営者に限らない話で、多様化が進む現在では、「おひとりさま」の女性も増加しています。そうした方はご自身の老後の生活面とともに、「終活」としてご自身の死後のことを考える必要があります。

相続人がいない「相続人不存在」の財産は、すべて国庫に帰属することになります。大切な財産を国に帰属させたくないという場合は、ご自身の希望する団体に寄付するという方法もあります。

自分たちが頑張って築いてきた財産や先祖代々受け継いできた大切な財産を、死後にどう使ってほしいのか。その意思を固めて遺言書などで残しておかなければ、不本意な引き継がれ方をされる可能性もあります。相続は、やはり元気なうちに準備をしておくことが大切なのです。

他にも私のお客さまで、姉妹2人で暮らしている方がいました。彼女たちは70代と高齢ですがいずれも独身で、家が資産家だったために、都内の一等地の一軒家に姉妹2人でずっと暮らしていたのです。「相続人がいないので、自分たちの財産をどうするべきか」というのがご相談の内容でした。

そこで私は、これから施設に入る可能性も考えて、これからの生活費を算出しました。この方々のように頼れる身内がいない場合、懸念となるのが施設に入居する際の身元保証人です。施設に入居するときには、本人に代わる意思決定や各種手続き、身柄の引き取りを行う身元保証人がいることが必須であり、この方々のようにいくらお金に余裕があっても、身元保証人がいなければ施設からお断りされる恐れもあります。

ただし最近では、このような状況の方々が増えていることから、身元保証サービスを提供する専門家が登場しました。身元保証人の心当たりがない場合は検討してみるといいでしょう。頼れる人がいない場合は、ご自身の葬儀やお墓をどうするかについても、事前に考えて遺言書を書いておく必要があります。

また、このような「おひとりさま」の女性の場合も、やはりご自身の財産を誰に引き継ぎたいかを事前に考えておくことをおすすめします。

「残された側」の視点に立って、元気なうちから相続対策を始めよう

これらの事例は夫が若くして亡くなったり不動産を多数持っていたり、経営者だったりあるいは妻に先立たれてしまったりと、状況は様々異なりますが、

「残された妻」あるいは「残された夫や家族」が巻き込まれた相続トラブルのリアルな実態を理解していただけたことと思います。

相続では、発生後に「夫婦で財産のことを共有しておけばよかった」「遺言書を書いてもらえばよかった」などと後悔しても、残念ながら後の祭りで取り返しがつきません。現に私はこれまで、「もっと早くから対策しておけばよかった」と悔いる方にたくさんお会いしてきましたが、そのたびに心を痛めています。

相続対策といってもその内容は様々で、遺言書を書いたり、やがて発生する相続税の納付額を準備しておいたりというのがベストですが、生前から夫婦で相続の話をしておくだけでも十分な対策となりえます。あるいは、残された家族が財産をスムーズに把握できるよう、財産関連の書類を1カ所にまとめておくのでも、やるとやらないとでは大きく異なります。

相続に対する意識をちょっと改めるだけで、「今からできること」が見つかるはずです。その意味では、相続全体の流れを知っておくというのも有効な相続対策です。いつ、どんなことをやらなければならないのかがわかれば、事前に準備することも自ずと見えてくるはずです。そこで第3章では、相続の具体的な流れとポイントを解説していきます。

相続のゴールは、10カ月後の相続税の申告と納付です。この10カ月という期間をトラブルなく乗り切れるように、そして相続後の人生を豊かに送れるように、ぜひ本書をご活用いただきたいと思います。


そしてもうひとつ、相続のことを考えるにあたって私がみなさんにお伝えしたいのは、本書をお読みのみなさんが、妻であれ夫であれその他の立場の方であれ、「残された側が困らないように」という意識をしっかり持っていただきたいということです。

これは特に夫である男性のみなさんにお話ししたいことですが、事例3や事例4、事例5のお話からもわかるように、私は「残された妻」のその後の生活を守ることができるのは、夫だけだと考えています。

自分の亡きあと、妻がどのように生活していけばいいのか、住むところはあるのか……こうしたことを生前のうちに少しでも考え、何かしらの準備をしておけば、相続トラブルの多くは回避できます。

もちろん事例2のように、妻が先に亡くなって残された夫が生活面で困ることになるという可能性もありますから、やはり元気なうちから夫婦で相続について向き合い、話し合っておくこと。そして「片方が先に亡くなっても、残されたほうが豊かに生きていけるように」という方法をなるべく具体的に考えておくことが、「残された妻」と「残された夫」のその後の人生を守ることにつながるのです。

第3章

10カ月間で、何をどうすればいい？

相続で「起こること」と「やるべきこと」の基本

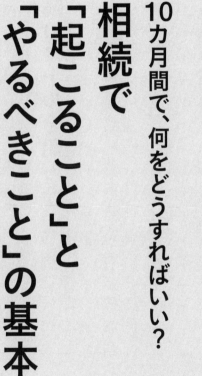

相続のゴールを知ろう

相続手続きの最大のゴールは、相続税の申告と納付です。具体的にいえば、ご主人が残した財産の分け方を決めて納税額を確定し、相続税を納めることです。この相続税の申告・納付にはタイムリミットがあり、「亡くなってから10カ月以内」と定められています。

まずは、相続手続きのおおまかな流れを見ていきましょう。


ご主人が亡くなったら、まずは死亡届を市区町村に提出し、葬儀を執り行います。葬儀が終わるまでは心の整理をする暇がないくらい忙しくなり、相続どころではありません。相続人が集まって相続について話し合うというのも、このタイミングではまずないでしょう。

「夫はどのくらい財産を持っていたんだろう?」と考えはじめるのが、葬儀が終わってひと息ついたころです。それと同時進行で、生命保険や健康保険、年

相続発生後のタイムスケジュールは？

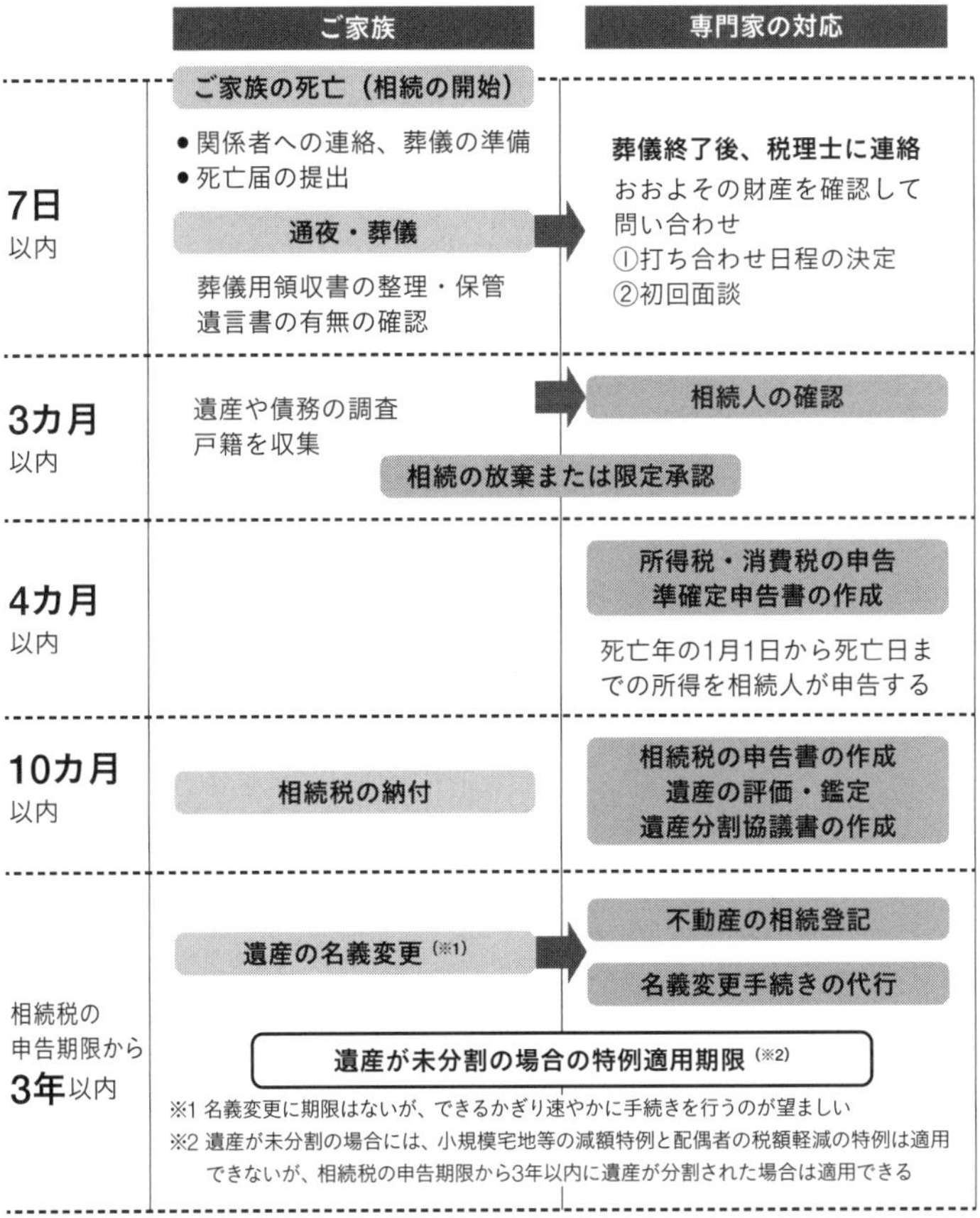

（株）日本相続支援総研「相続――相続するまえに読む相続の話」をもとに作成

金など、もらえるお金の確認と手続きも進める必要がありますが、ご主人の財産に関していえば、身内で残された財産の内容を調査するとともに、相続人は誰なのかを確認すべく、ご主人の戸籍を出生までさかのぼって集めることになります。これがなかなか厄介なのですが、くわしくは125ページで解説しましょう。

時は流れ、四十九日の法要をむかえます。このときに、お墓に骨を納める「納骨」を行いますが、これは相続人が一堂に会するタイミングであり、納骨後の会食のときなどに、残された奥さまや子どもたち、親族などの相続人たちが、「相続はどうしようか？」という話題を出すというのが一般的です。

財産と相続人が確定したら、誰がどれだけ財産を相続するのかを決め「遺産分割協議書」を作成します。ここから銀行預金の手続きや不動産の名義変更の手続きを始めることができます。財産が確定し、その分け方が決まれば相続税を算出することができます。そして、10カ月以内に税務署へ相続税申告書を提出し相続税を納付すれば、相続に関する手続きは完了です。

「10カ月もあるなら大丈夫」と考える人も多いのですが、この10カ月という期間は意外とあっという間に過ぎてしまいます。この間、相続人は相続のことだけをやっているわけではありません。仕事をしている方なら週末に相続関連のタスクを一挙にこなすことになります。日常のなかの余った時間ですべてを行うというのは非常に大変で、心身ともに負担が増していきます。そのため、相続をスムーズに乗り切るためには、10カ月後の相続税の申告と納付のゴールまでしっかり見通しを立てて準備を進めていくことが大切なのです。

夫が死亡した直後のことを想定しよう ▼ その1
銀行口座のこと

ここからは、ご主人の死後にどのような手続きやタスクが発生するのか、より具体的に見ていきましょう。

ご主人が亡くなると、まずは親族や会社、友人・知人といった関係者に亡くなった旨の連絡を入れると同時に、葬儀会社を通してお通夜と告別式の準備を進めます。あわせて、死後7日以内に死亡届を市区町村に提出しなければなりません。さらに、火葬するためには火葬許可証も必要です。煩雑な行政手続きを自分でこなす心の余裕を持てない場合は、死亡届の提出や火葬許可証の申請を葬儀会社に代行してもらうことも可能ですので、相談してみるといいでしょう。

このころは、目の前の通夜や告別式、様々な手続きに追われ、悲しみに暮れる暇すらない時期といえますが、ここでしっかり対応しておくべきが、葬儀費用やご自身の生活費のことです。

そもそも、葬儀には大きな費用が発生します。規模によって大きく異なり、かつ最近は小ぢんまりとした家族葬が増えてきたとはいえ、それでも平均して100万~200万円はかかると想定しておいたほうがいいでしょう。葬儀費用を負担するのは、多くは喪主あるいは相続人となります。

同時に考えておくべきが、今後の生活費についてです。あなたが専業主婦であれば、それまで日々の生活費は、おそらくご主人名義の銀行口座から引き出していたことと思います。しかし、死亡届が役所で受理されて金融機関がご主人の死を把握すると、銀行口座は凍結されてしまいます。すると相続手続きが完了するまでご主人名義の銀行口座から一切お金を引き出せなくなってしまい、水道光熱費などの引き落としすらできなくなってしまうのです。

なかには、知り合いなどから「うちも夫が死んだけど、銀行口座は凍結されなかった」という話を聞いたことがある方もいるかもしれません。実は、ご主人の死亡届を役所に提出したからといって、すぐに銀行口座が凍結されるわけではなく、口座が凍結されるのは、あくまで銀行側が名義人の死亡を把握した時点でのことです。つまり、銀行がご主人の死を知らなければ口座は生き続け、「うちはすぐ止まった」「うちは止まらなかった」と、ケースバイケースで異なるわけです。

たとえば、ご主人が4月1日に亡くなり、そのことを銀行が4月30日に把握して、口座が4月30日に凍結されたとしましょう。この場合、4月29日まではご主人名義の銀行口座からお金をいくら引き出してもかまいません。むしろ、いずれ口座が止まってしまうことを前提とすれば、できるだけ現金を確保しておいたほうが賢明です。

実際、ご主人が突然倒れて余命宣告され、それ以降は毎日ＡＴＭで限度額までお金を引き出す方や、「当面の生活や各種の支払いを考えて、２００万円くらい引き出してから夫が死んだことを銀行に言う」という方もいます。これは、ご主人の銀行口座が凍結する前にできるだけ大きなお金を手許に準備しておくという意味で、きわめて有効な手立てのひとつといえます。

葬儀以外にも、その後の会食やお墓の準備など、四十九日くらいまでは様々な場面で多額のお金が必要となります。「とりあえず地元でお葬式をして、ご主人の実家で納骨を行う」というケースもありますから、そうなると費用はさらに上積みされます。

お墓に関していえば、最近では生前にお墓を買っておくというのもひとつの潮流ではありますが、死後にお墓を購入する人も多く見られます。地方によって異なりますが相場として150万～300万円といわれます。何百万円という支出が発生するものと想定して、やはりご主人の口座が凍結する前に、必要な資金を引き出しておくことをおすすめします。

夫が死亡した直後のことを想定しよう▼その2
支出面のこと

こうした事情で、ご主人が亡くなってもご主人名義の銀行口座からお金を引き出すこと自体に問題はありませんが、他の相続人との人間関係によっては注意が必要です。勝手に故人の銀行口座からお金を引き出したことで、あとあとトラブルに発展する恐れがあるからです。

現に、ご主人が倒れたり亡くなったりした後で、妻がご主人の銀行口座から大量のお金を引き出したことを知った他の相続人から、「相続人である自分の許可なく勝手に引き出すな！」と妻が責められたというケースもあります。そのときはトラブルに発展しなくとも、のちの相続でもめたときに、「どうして亡くなった直後に、こんな大金を引き出したのか」「引き出したお金を隠しているのではないか」など、あらぬ疑いを抱かれることもありえます。

相続では大きなお金が動くため、様々な思惑が交錯することもありますから、これまで親族間の人間関係が良好だったとしても、疑心暗鬼がはたらいてギスギスしやすいものです。そのことを常に念頭に置き、細心の注意を払って行動することを心がけていただきたいと思います。

こうしたトラブルを防ぐためには、あらかじめ「葬式代が必要だから、お父さんの銀行口座から３００万円下ろした」と他の相続人に周知しておくのが有効です。「お金を引き出すこと」と「引き出すお金は、自分のためではなくみんなのために使う」とアナウンスしておくことで、他の相続人から疑念を抱かれるリスクを大きく下げることができます。

加えて、お金を引き出す、あるいは使うときには、「葬儀費を払うために○○万円下ろす」「生活費のために○○万円下ろす」と、逐一メモを残しておくことをおすすめします。ＡＴＭで引き出したときの明細書や使ったときの領収書も必ずとっておいたほうがいいでしょう。これは他の親族から「お金のことは任せる」と言われた場合であっても同様で、記録は残すに越したことはないのです。

役所で必要な手続きは？

死後の手続きとして、死亡届や火葬許可証は既にお話しした通りですが、それ以外にも様々あります。ここでは覚えておくべき2つを挙げておきます。

●国民健康保険、後期高齢者医療保険

葬祭費の補助が支給されます。高額療養費制度によって医療費の払い戻しを受けられることもあります。

●国民年金、厚生年金

未支給年金などを請求できる可能性があります。

国民年金に加入している場合、遺族基礎年金や寡婦年金の支給対象かも確認しましょう。厚生年金加入者なら、遺族厚生年金があります。相続に関する年金の手続きは年金事務所で行います。

「もらえるお金」をチェックしよう

お金の話でいえば、ご主人が亡くなって残された妻がもらえるお金として、生命保険金もあります。ご主人が生命保険に入っていれば、受取人は妻というのが一般的ですから、生命保険金の請求手続きを行います。

生命保険会社のホームページや営業担当者に問い合わせすれば、数日から1週間後には手続き書類一式が送られてきます。書類に必要事項を記入して、医師が発行した死亡診断書のコピーや本人確認書類などの必要書類を同封して返送します。

ただし、死亡診断書は死亡届とセットになっていて、役所に提出すると戻ってきません。このため、役所に提出する前にコピーをとっておきましょう。

ご主人が亡くなる前に、入院したり手術したりしていたら、入院・手術給付金などを受け取れる可能性もあります。加入していた医療保険をひと通りチェックして、保険会社に連絡してみることをおすすめします。

他にも、ご主人の勤め先からお金が支給されるケースもあります。その企業の福利厚生が充実していれば、手厚い保障が受けられるかもしれません。ここで注意すべきは、その多くが自己申告制だという点です。死後に企業から自ずと補償の案内が送られてくることはありませんので、ご主人が勤めていた会社に一度連絡を入れてみましょう。

また、退職金が一括払いではなく、分割払いになっているケースもあります。その場合はまだ受け取っていない残りの退職金をもらうことができます。

その他には、企業年金もあります。ご主人が継続的にもらえるはずだったものが残っていれば、妻が引き継げることが多いようです。

注意点としては、厚生年金は年金事務所の管轄ですが、企業年金の問い合わせ先は企業となることです。

四十九日までに、夫の財産を洗い出そう

葬儀が終わって少し落ち着いたころから、いよいよ相続の手続きを見据えてご主人の財産の把握を始めます。

ご主人が遺言書や「財産目録」をつくっていれば、スムーズに財産を把握できます**（左表）**。

「財産目録」とは、不動産や預貯金、有価証券、生命保険などの財産を一覧にしたものですが、実際に作成している人はごくわずかです。仮に作成していたとしても、所有する不動産を既に手放していたり預貯金を多額に使っていたりなど、財産の内容は年を経て変わりますから、定期的に内容を更新していなければ意味をなしません。財産目録の内容と現状とで内容が異なる場合、やはりご主人の財産を改めて洗い出す必要があります。

具体的には、ご主人が使っていた財布やビジネスバッグ、机の引き出しなど

財産目録の例

不動産（土地・建物）

種類	所在地	利用状況	備考
土地・建物			
土地・建物			
土地・建物			
土地・建物			

有価証券

金融機関・支店	銘柄	株数	備考

預貯金

金融機関・支店	種類	口座番号	残高
	普通・定期・（　　　）		円
	普通・定期・（　　　）		円
	普通・定期・（　　　）		円
	普通・定期・（　　　）		円

生命保険

保険会社	証券番号	種類	契約者	被保険者	受取人	生命保険金
						円
						円
						円
						円

その他の相続財産（車、書画、骨董、ゴルフ会員権など）

種類	金額	備考
	円	
	円	
	円	
	円	

借入金

相手先	残債	備考
	円	
	円	
	円	

（株）日本相続支援総研「相続――相続するまえに読む相続の話」をもとに作成

を確認し、通帳や銀行カードなどを探すことになります。このとき、普段届いていた郵便物も有用な手がかりとなります。クレジットカードの明細書や、銀行や証券会社などからの通知書があれば、内容をすべてチェックしてみましょう。ご主人が亡くなったあとも金融機関などから郵便物が届くはずですから、そうしたものは一切捨てずにとっておくのが賢明です。

ただし、最近では通帳やカード明細書などの書類が電子化されているなど、先に挙げた手がかりからすべての財産を把握できない可能性もあります。そのため、「○○銀行を使っていたよね」「△△信託銀行にも口座があるはず」「いつも行っていたゴルフ場、会員だったよね」といったように、残された家族で生前のご主人の行動を思い出していただきたいと思います。

バッグや引き出しから発見した通知書類は、その発行元に問い合わせ、場合によっては利用停止手続きを行います。

このように、探偵のように死後に故人の財産を把握するというのは非常に厄介な作業で、理想をいえば生前にご家族で財産について話をしておくのがベストです。本書をお読みのみなさんには、このことをぜひ心がけていただきたいと思います。

私が相続税の申告のお手伝いでお客さまにお会いするのは四十九日が終わったあとのことが多いのですが、その時点でまだ財産の全容を把握しきれていないことは、よくあることです。

現に、お客さまから依頼を受けて故人の財産をチェックしていくなかで、「ある」と聞いていた財産がどこにも見つからないなど、残された家族の認識との間にズレがあることも少なくありません。たとえば、あるお客さまは「主人は価値の高い骨董品を持っていた」とおっしゃるので、現物の写真を撮って鑑定士に見てもらったところ、「贋作なので、二束三文にしかならない」という回答が返ってきたことがあります。故人もご家族もそれがずっと本物だと思い込んでいたようで、とてもがっかりされていました。

他にも、お金や不動産、骨董品だけでなく特許権や著作権といった「知的財産」も立派な財産です。こうした財産は見逃されがちなので特に注意が必要です。

私が財産把握のお手伝いをする場合、亡くなったご主人と奥さまの馴れ初めから聞いて手がかりを探すこともあります。

「結婚してしばらくはアパートを借りていたが、そのあと今の家を建てた」「以前は信用金庫に勤めていたけれど、退職して取引先の中小企業の総務部長になった」といった情報を聞くなかで、ご主人の財産の全体像がなんとなくわかってくるのです。たとえば、かつて住んでいた場所や勤め先を手がかりとして、ご主人が開設していた銀行口座を発見できる場合もあります。

どの学校を卒業したのか、どういう仕事をしてきたのか、趣味は何か、コレクションはあるのか……。財産の把握というのは、こうしたことを細かくヒアリングしてひとつずつ丁寧に探り、故人のすべてを明らかにしていく根気強さを要する作業なのです。

定期課金のサブスクに注意

財産を把握するなかで、気をつけていただきたいのがサブスクリプションサービス、通称「サブスク」です。

「サブスク」とは、売り切り型ではなく、毎月あるいは毎年一定の費用を支払って利用するサービスです。利用料はクレジットカードなどから引き落とされることが大半で、動画のNetflix（ネットフリックス）や音楽のSpotify（スポティファイ）などが代表的です。

最近急速に広まっていますが、実は加入者の死後も請求が続くというトラブルが急増しています。

たとえば、ご主人がスマートフォンから動画のサブスクに加入している場合、死後にご主人名義のスマートフォンを解約するというのはすぐに思いつきますが、それに付随するサブスクの解約にまでなかなか思い至らないようです。契約期間の満了後に自動で更新されるという仕組みを採用しているサブスクは多く、たとえ使っていなくても毎月定額が課金されます。解約の手続きを取らないと、半永久的に請求が続くことになります。

当たり前ですが、スマートフォンを解約したからといって、端末を利用した他のサービスが自動的に解約されるわけではないのです。

もちろん、ご主人名義のクレジットカードを解約すれば利用料が引き落とされず、サービスが停止されます。しかし、ご主人が家族に知らせていないクレジットカードを契約している、そしてそのクレジットカードが職場など自宅以外の場所で保管されている恐れもあります。ご主人のスマートフォンの中身、あるいはインターネットのブックマークや履歴を確認することも重要です。

財産把握の注意点を知ろう

とはいえ、複雑な財産がある家庭はごく一部で、亡くなったご主人が残す財産は、多くの場合は自宅不動産と預貯金などの金融資産になります。

マーケティングの世界の言葉ですが、「パレートの法則（2対8の法則）」という法則があります。簡単にいえば「ある特定の要素2割が全体の8割の成果を生み出している」という内容で、「顧客の2割が売上全体の8割を占めている」「売上の8割は全従業員のうちの2割で生み出している」などと応用されますが、相続にもこの法則が成り立つという話を聞いたことがあります。

具体的には、富裕層の世帯を全世帯の上位2割とすれば、さらに最上位の富裕層（＝超富裕層）はそのうちの2割となります。つまり最上位層は「2割のうちの2割」となり、次のパーセンテージが導き出されます。

0・2×0・2＝0・04＝4％

超富裕層が全体の４％というのは、なかなか本質を突いているように思います。というのも、かつて相続税を納めていたのは相続の発生件数全体の４％といわれていたからです。つまり、相続税が発生するほど財産を有する家庭＝財産が複雑な家庭は、全体の４％くらいなのだともいえます。

現在は法改正によって相続税の課税対象が８％に増えましたが、それでも残り92％の方の財産は、ほとんどの場合、シンプルだと捉えて問題はないと思います。ご主人が残した財産を把握する努力は必要ですが、過度に心配する必要はありません。

ご主人の預貯金については、過去3年分を精査すれば、財産の全体の流れを十分に把握できるはずです。ただし場合によっては、それ以上さかのぼる必要もあり、最大で10年間は確認することも想定しておいたほうがいいでしょう。

私が相続税の申告をサポートした事例に、亡くなったご主人が一時期6億円を超える預金残高を持っていたのに、10年後に亡くなったときには3億円にまで減っていたというケースがありました。3億円もの大金がどこに消えてしまったのか？――手がかりは銀行の通帳しかなく、私は故人の過去10年分の通帳をしらみつぶしに調べてみました。もし税務調査が入った場合、銀行は過去10年分の通帳履歴を開示します。税務調査で10年以上前のことが問題になることはあまりありませんから、私も過去10年分の通帳をチェックすることにしたのです。

調べた結果、ご主人の口座から、数百万円単位のお金がカード会社によって繰り返し引き落とされていました。それをひとつずつ相続人に確認していくと、「そういえば、よく旅行に行っていた」「趣味にお金を使っていた」ということが判明しました。10年ちょっとで3億円ものお金が消えたとなると、何に使ったのか、どこかに隠し持っている可能性はないかなどと、税務署から疑いの目を向けられるかもしれません。それを回避するためには、10年間の故人の支出状況の裏を取ることが必要だったわけです。

もうひとつ、不動産に関連したちょっと変わった例として、ご主人が残した書類から千葉県鴨川市に山林を所有していることが判明したというケースがありました。ご主人がこの土地を活用していた痕跡はなく、残された奥さまはこの土地の存在を知らされていなかったのです。

１９７０～80年代にかけて、「原野商法」というのが流行しました。これは「リゾート開発計画があるので将来値上がりする」といった営業文句で二束三文の原野を売りつける悪徳商法です。現在80代くらいの世代にこの商法の被害者が多く、土地自体に価値がなく固定資産税がほぼかからないために、何十年にもわたって放置し続けていることが多いようです。この土地が相続によって明るみに出るケースが続出しているのです。

こうした原野は、売ろうにも買い手がつかず、自治体に寄付しようとしても引きとってもらえる可能性は極めて低く、文字通り「お荷物」となってしまいます。とはいえ、相続においては誰かが引き継がなければならないため、結局相続人同士で押し付け合いになってしまうのです。

四十九日を「相続のスタート」と捉えよう

亡くなった日から数えて49日目に行うのが、四十九日の法要です。厳密に49日後でなくとも、仕事などの都合で直前の土日に実施することが多いのですが、多くの場合はあわせて納骨を行います。この四十九日は通夜から始まる一連の儀式を終わらせる「ひと区切り」のタイミングといえますが、相続においても同様です。親族一同が会するこの四十九日という場が、相続の本格的な始まりであり、「相続のキックオフミーティング」とイメージしていただければと思います。納骨後の会食の席で、「相続のことなんだけど……」という話になることが多いようです。

故人の財産をどのように分割するのか、法定相続人全員で話し合うことを「遺産分割協議」といいます。それを文書にまとめたのが「遺産分割協議書」で、四十九日で法定相続人全員が集まったのなら、ここで遺産分割協議を始めることができます。

そう聞いて思わず身構えてしまう方もいるかもしれませんが、この遺産分割協議がスムーズに決着することもあります。たとえば、「お父さんの財産の相続なんだけど、不動産が８０００万円、預金や株が２０００万円くらいあるのよ」と切り出したとして、「お母さんが全部もらっておいたら？」「それじゃあ悪いから、１０００万円現金であげるね」「それでいいよ」……となれば、それで終了です。

このように簡単に話が終わればいいのですが、相続人が複数人いるなどの理由により、今後何度か話し合いを行う必要があると考えられる場合もあると思います。このような場合でも、やはりこの四十九日の場で相続の話し合いをスタートさせるのがいいでしょう。

四十九日以降にも、初盆や一周忌など、親族が集まる機会はたびたび訪れます。四十九日のときに相続人の間で相続のことを共有しておけば、「次は初盆で集まるときに話し合おう」といったように、相続を着々と進めることができるでしょう。

ただし、相続人のうちに遠方に住んでいる方がいる場合は要注意です。仮に海外に住んでいるといった事情があれば、四十九日に相続人全員が集まらないこともありえます。実際、海外在住の相続人を含めてオンラインで相続の話し合いを行うというケースもあります。あるいは故人の戸籍をたどってみると、過去に離婚歴があって別れた奥さまとの間に子どもがいるなど、親族の知らなかった法定相続人が存在するという可能性もあります。

こうした四十九日のとき、相続人全員が集まっていなかったり話し合いができなかったりした場合には、改めて遺産分割協議の場を設ける必要があります。

もしご自身の親など、近しい方を亡くした経験があれば、遺産分割協議に参加したことがあるかもしれませんが、未経験の方が多いように感じます。実際に相続そのものをまだ経験していないという理由ももちろんありますが、その他の理由は、亡くなった方の配偶者が相続人である子どもになんの相談もせず、ひとりで遺産分割を決めてしまうケースが少なくないからです。

こう聞くと、「そういえば父親が亡くなったときに、母親から『実印を持ってきて』と頼まれたことがあるけど……』」などと、心当たりがある方もいるのではないでしょうか。この場合、母親がひとりで遺産分割協議書をつくり、子どもの氏名を代筆して借りた実印を押していたと考えられます。ちなみに、先に挙げた「子どもに1000万円の現金を相続、残りは妻に相続」とスムーズに遺産分割方法が決まったケースでも、遺産分割協議書を作成する必要があります。

遺産分割協議をスムーズに行い、その協議の結果を遺産分割協議書にまとめること。これが相続における第一のゴールとなります。

「遺言書」と「遺言開示」とは？

亡くなったご主人が遺言書を残していた場合、四十九日の法要以降に内容が開示されるのが一般的です。

「遺言書」とは、故人が自分の財産をどのように相続させるかを記した書類で、独力で作成したり専門家に作成を依頼したりなどと、様々なスタイルがあります。たとえば銀行は、遺言書の作成から執行までトータルでサポートする「遺言信託」というサービスを提供しています。亡くなったご主人がこれを利用していた場合、死後に銀行の担当者が「遺言書を開示するので集まってください」と相続人全員に呼びかけ、集まったその場で遺言書が読み上げられ、「誰に・どの財産が・どのくらい分けられるのか」が明らかにされます。この場合の多くは、その流れで「銀行に相続の手続きを任せる」となるようです。

他にも最近では、銀行が提供する相続手続きをサポートするサービスとして様々なものがあります。どのサービスにも共通するのが、故人が所有していた財産を把握するために「財産預かり」という手続きの段階があることです。これは相続人が手許で管理している被相続人の通帳や株式などのすべての金融資産に関する書類を、相続手続きのサービスを受託した銀行が預かるというものです。たとえば、ある銀行に遺言信託サービスを依頼し手続きを進めることになったら、他の銀行の通帳もこの銀行に預けることになります。

銀行口座の凍結については先に述べた通りですが、この銀行の相続手続きサービスをきっかけとして、他の銀行が名義人の死亡を知ることになり、銀行口座が凍結されるというケースも多いのです。

「法定相続人」「法定相続分」「遺留分」を理解しよう

相続は「被相続人」と「相続人」という立場で語られますが、それぞれを改めて確認すると、「被相続人」は「財産を残して亡くなった人」を、「相続人」は「財産を相続する人」を指します。民法では、相続人が誰なのか、それぞれがどのくらい相続するのか（＝相続分）が定められていますが、ここで定められた相続人を「法定相続人」、相続分を「法定相続分」と呼びます**（122ページ図）**。

ここでポイントになるのは、配偶者は常に相続人となるということです。

図の左上を見てください。ご主人が6000万円の財産を残して亡くなり、妻と子ども3人がいたとしましょう。法定相続分は、妻が2分の1の3000万円を、子ども3人で2分の1の3000万円です。子どもは3人いますから、3000万円を3等分して1人あたり1000万円の相続となります。法

「法定相続人」と「法定相続分」とは？

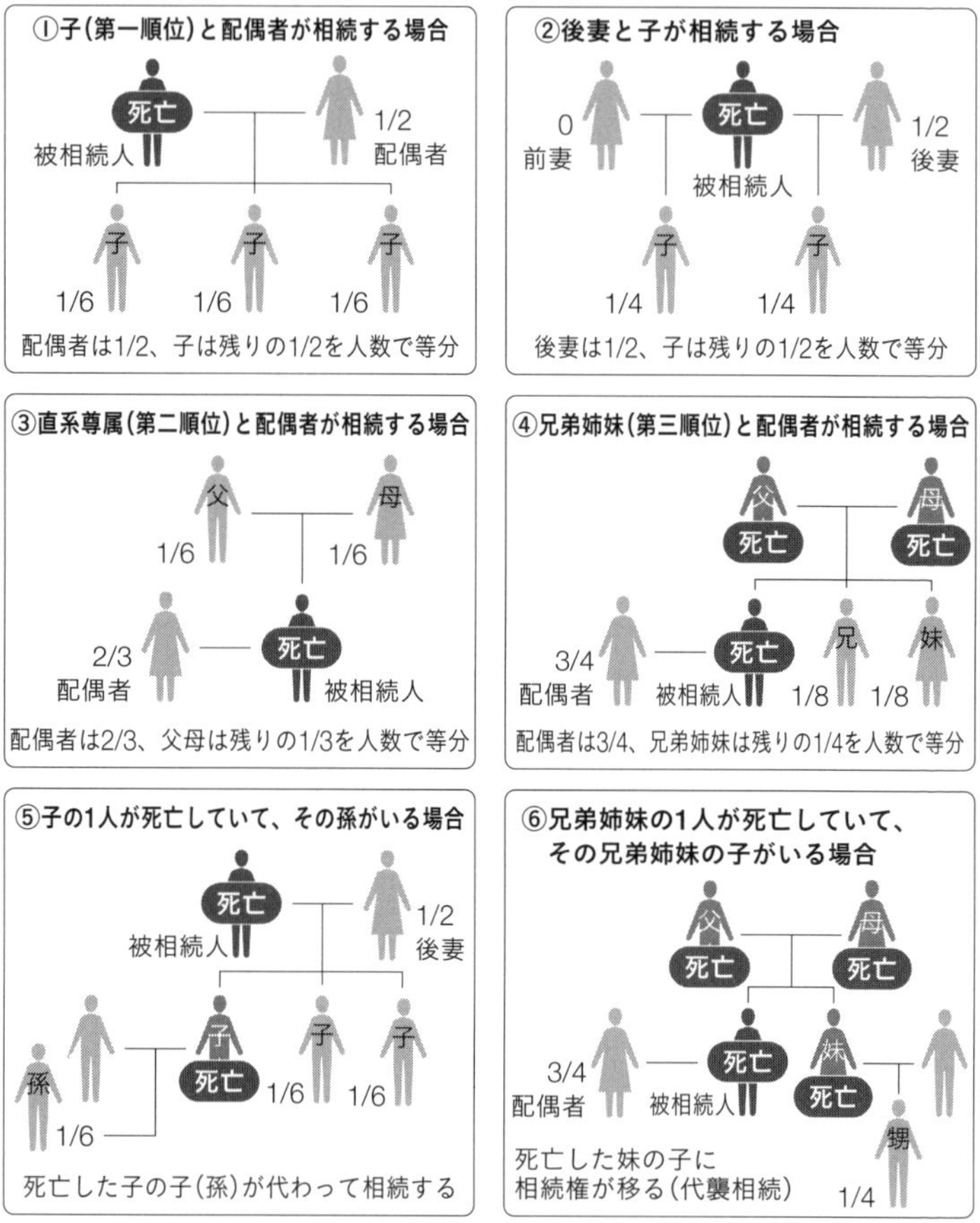

(株) 日本相続支援総研「相続——相続するまえに読む相続の話」をもとに作成

定相続分は、このような公平な分け方が定められているのです。

ただし、この法定相続分は、必ずしもその通りに分けなければいけないというものではありません。相続人全員が合意すれば、自由に分け方を決めることができます。極端な話、「亡くなった夫との間に子どもが複数人いるけど、財産はすべて妻である私が相続する」というのでもいいですし、「妻である私は何も相続せず、子どもたちだけで財産を分ける」という分け方でもいいのです。

また、亡くなったご主人が遺言書を残していた場合、法定相続分よりも遺言書の内容が優先されますが、やはり相続人全員が合意すれば遺言書の内容に従わなくてもかまいません。

つまり、この例では相続人は妻と子どもになりますから、このメンバーで話し合って財産の分け方を自由に決めることができるのです。

ただし、遺産分割協議において、財産をどのように分割するのか決まらないこともあるでしょう。その場合、相続人は家庭裁判所に遺産分割の調停を申し立てることができますが、調停では誰か特定の人物に偏ることがないように、法定相続分が優先されます。

ここでもうひとつ覚えておくべきことがあります。それは「遺留分」です。遺留分は相続人が相続できる最低限の割合のことで、被相続人が遺言書にどんな内容を残していようと、相続人は遺留分を請求することができます。

たとえば、ご主人が妻と長男、長女を残して亡くなったとします。ご主人が「長女にすべての財産を渡す」と遺言書に記していたとしても、その内容に妻と長男が納得しない場合、何も相続しないということにはありません。妻と長男は「遺留分」を請求できるからです。

法定相続分でいえば、妻が財産の2分の1、長男が4分の1を相続することになりますが、遺留分はそれぞれの法定相続分の2分の1と決められています。この場合、妻が4分の1、長男が8分の1で、妻と長男はこの遺留分をもらう権利があります。

このとき、長女がすべて相続することに妻と長男が合意すれば、長女がすべてを相続できます。しかし、妻と長男が遺留分を主張すれば、この限りではありません。遺留分が発生するのは、相続人のうち配偶者と子ども、親までです。

銀行は遺言信託サービスを提供するなかで、すべての相続人に少なくとも遺留分は渡す内容をすすめているようです。これは後でもめるリスクとなる芽を摘んでおきたいという意図があります。「相続人には最低限もらえる権利である遺留分を最初から渡しておく」という意思を表明することで、トラブルが発生する要因を事前に回避しておくというわけです。

相続人を確定させよう

相続人の確定も、実は、相続においてひとつの壁となりうる難しい事柄です。

たとえばご主人が亡くなり、妻と子ども2人がいたとしましょう。この場合、妻と子ども2人の計3人が相続人となります。しかしご主人に他にも子どもがいて、その子どもを認知していたら、この子どもも相続人の1人なのです。

他の例としては、子どもがいない夫婦の夫が亡くなった場合は、既に夫の両親が他界していれば、相続人は妻と亡くなった夫の兄弟姉妹になります。

相続の手続きを進めるためには、まずは相続人を確定させる必要があります。相続人を洗い出すためには、被相続人の戸籍をさかのぼって調査しなければなりませんが、これがとても骨の折れる作業なのです。

戸籍謄本を発行するのは本籍地の市区町村ですが、結婚などで戸籍を他の市区町村から移した場合、かつて本籍があった市区町村に戸籍謄本を請求します。本籍を頻繁に動かしている人はごくまれなのですが、あちこち転々と移してきた人であれば、亡くなったときから出生時点まですべてさかのぼる必要があります。このとき、相続においては親族関係も確認する必要があるため、戸籍抄本（＝個人の証明）ではなく戸籍謄本（＝全員の証明）を取ることは覚えておきましょう。

戸籍謄本は役所にいけば取得できますし、遠方でも郵送で申請することができますので、この作業をすべて自分でやってしまう方もいます。とはいえなかなか手間のかかる作業ですから、司法書士や行政書士、なかには税理士でも対応している場合がありますので、こうした士業の方に相談してみることをおすすめします。

遺産分割は、相続人全員で話し合おう

遺産分割協議は、どんな事情があるにせよ相続人の誰かが欠席では、「自分がいない間に話し合いの場が設けられて、相続する内容が勝手に決められていた」という疑いの気持ちを抱かせることになりかねず、のちにトラブルの原因となってしまう恐れがあります。話し合いの場所は自宅でもどこでもかまいませんので、全員が集まりやすい場所で当事者全員が集まって話をすることが、トラブルを回避する最大のポイントです。

かつての日本では「長男が家を継ぐもの」という考えが色濃かったのですが、近年は兄弟で平等に財産を分けるのが主流となりました。しかし、親の生前に、親が子へ何かしらの資金援助を行っていたり、子が親の生活を助けていたりというようなことがあります。「弟は親からときおり援助を受けていた」「兄貴は親に家を買ってもらった」「自分が親の介護や面倒を見ていたのに、弟は何もしなかった」など、相続の話を進めていくなかで、過去の出来事による不満やわだかまりを胸に秘めている可能性があります。
相続人が一堂に会して話し合う場では、各自の不満やわだかまりをできる限りオープンにして、相続に対する希望を話し合うことで、こうした微妙な「火種」を消し止めることができます。

もしも遺産分割についてもめそうな材料があるなら、遺産分割協議の場に第三者を参加させることも有効です。家族や親戚といった身内だけで進めると、感情が先走って冷静に話し合えない恐れもありますが、税理士など中立的な立場の者を仲裁役におくことで、各自が冷静さを保って話し合いを進められる効果が期待できます。

私自身も、遺産分割協議の場に参加することがしばしばあります。実際にその場を進行するにあたっては、まずは集まった相続人の方々に対して「相続に対して、みなさんはどのようなお考えをお持ちですか?」と、いきなりオープンな質問を投げかけます。そのときまでには被相続人の財産の調査をすべて終えていますので、財産の一覧表をお見せしながら話を聞いていきます。
すると、「この不動産は◯◯に」「預貯金は◯◯と△△と××とに、こういう配分で」というように、相続人同士で既に話し合いがされていて、ある程度内容が決まっていることが多いです。一方、相続人が事前にまったく話し合っていない場合は、その場で私が進行することになりますが、第三者という立場が進行役を務めることで、多くはごく淡々と話し合いが進みます。

もちろん、なかには議論になることもあります。私がお手伝いしたケースで、亡くなったご主人の遺言書の内容に対し、相続人たちが異を唱えているという状態で遺産分割協議を行ったことがありました。相続人は奥さまと子ども3人で、亡くなったご主人は収益用の不動産を複数所有しており、子どもたちの管理能力などを踏まえて「この子にはお金を」「この子にはこの不動産を」と判断し、遺言書に記していました。奥さまのお話によると、ご主人は「不動産が分散しないよう、なるべく長男に多く渡したい」という意向のもとに遺言書を作成されたそうです。

実際には、遺産の分割は奥さまと長男・長女に手厚く、二女がやや少なめとなっていました。それほど大きな偏りがあったわけではありませんが、二女からすると、「なんで兄と姉のほうが多いのか」という気持ちになったようで、「遺言書の内容をないものとして、遺産分割協議で配分を決め直したい」と、二女から申し入れがあったという経緯がありました。

そこで私が奥さまから相談を受けたのですが、この場合でなんとしても避けるべきは、子どもたちが母親である奥さまに対してそれぞれ個別に意見するという事態です。子どもたちそれぞれが他の相続人の意見に留意せず、ただただ相続の内容について言いたいことを母親に伝えるのでは、それをまとめるのはとても大変で、お母さまの心労も募ります。

これを回避するために、私は奥さまと子ども3人全員が一同に集まる場をセッティングし、遺産分割協議を取り仕切ることにしました。相続人全員が集まってそれぞれの考えについて腹を割って話し合った結果、議論が平行線を辿る場面も若干ありましたが、最終的には相続人全員が納得するかたちで遺産分割の内容についてまとまることができました。真剣な協議が終わった後、みなさんが晴れやかな顔をされていたことが、今でもとても印象に残っています。

「もめればもめるほどコストが膨らむ」と捉えよう

私の実感として、遺産分割でもめる可能性はそこまで高いわけではなく、もしも相続人である子どもが遺言書の内容や遺産分割方法に不満を抱いたとしても、奥さまが子どもたちの制止役になって話がまとまることが多いように思います。妻と子どもが相続人で私が遺産分割をお手伝いするときには、私が「こういうふうに分けたらいいですよ」と積極的に口をはさむことはほとんどありません。私がアドバイスしなくても、親子の話し合いだけで遺産の分け方がスムーズに決まることが多いのです。

ここで、妻と子ども2人を残してご主人が亡くなったケースを挙げましょう。残された財産は、自宅不動産が5000万円で預貯金が2000万円。法定相続分は、不動産と預貯金を合算した7000万円を全財産として、そのうち妻が2分の1の3500万円、子どもが1人あたり4分の1の1750万円となります。

このケースでは、不動産を売らない限り法定相続分通りに財産を分けることができません。ご相談を受けて私がお伝えしたのが、「奥さまが主導で分け方を決めてはどうか」ということです。

法定相続分によれば、子どもたちそれぞれが1750万円ずつ受け取れることになりますが、もしも奥さまが「不動産と預貯金1000万円は自分が受け取る、子どもであるあなたたちには、残った現金を均等に配分して500万円ずつを渡す」と表明しても、よほどのことがない限り、子どもから文句が出ることはないように思います。子どもとして、兄弟間で配分に差をつけることには不満を抱きがちですが、父親の財産の大部分を母親がもらうということに対してはごくスムーズに納得できる傾向が多いです。

ご主人の財産は、夫婦二人三脚で築いてきたものであり、たとえ奥さまが専業主婦だったとしてもそれは同様です。奥さまは家事を担って働くご主人を毎日支えていたはずです。一方で、子どもは父親の財産形成にあまり寄与していませんから、夫婦で築き上げてきた財産の使い道は、残された奥さまが決めるべきだと私は考えています。

これは、「残された奥さまの生活を守る」という視点においても重要です。相続においてこの目的を達成するためには、奥さまが子どもたちに対して、自分がこの先の人生を豊かに生きるために必要な金額を相続するということをしっかり主張すべきなのです。

他にも、ご主人が遺言書を残していて、そこに「妻にすべての財産を渡す」と記されている場合、子どもたちから不満が出る恐れも考えられます。先に述べた通り、「妻にすべての財産を」という意思が残されているとはいえ、子どもは遺留分をもらえる権利があります。

しかし子どもが遺留分を受け取るには、母親に対して遺留分を請求することになりますが、ここで母親に「遺留分をよこせ」と申し立てると、場合によっては親子関係が断絶してしまうかもしれません。私の経験上、母親との関係を壊してまで遺留分を要求しようという方は、あまりいないように思います。

ただし、例外もあります。奥さまの性格や年齢によっては、自分で遺産分割協議をリードするのが難しい場合があるのです。

実際に私がお手伝いした事例で、ご主人を亡くした80代の奥さまがいらっしゃいました。この方は年齢のせいか、相手の話をあまり聞かない傾向があり、多額の財産があるにもかかわらず、「うちはそんなにお金がないし……」としきりに謙遜していました。ご主人を失った悲しみもあって、話がうまく嚙み合わない状態でした。

この方には子どもが1人いて、とてもしっかりした方だったので、この子どもがリードして遺産分割協議を進めていくことになりました。結果的にうまく話がまとまって、私はほっとしました。

このケースにおいて、もしも子どもが複数いて、財産の配分に異議を申し立てた場合は、大きくもめることになったかもしれませんが、残された奥さまが高齢だった場合は子どもにある程度任せたほうがいいこともあるという一例として見ていただければと思います。

相続人の配偶者が関わってくる場合のリスクを知ろう

様々な相続のケースをお話ししてきましたが、私が特にもめるリスクが高いと懸念しているのが、相続人の配偶者が関わってくる場合です。

やはり一家のご主人が亡くなった事例で、奥さまも既に亡くなっており、子どもの3人姉妹が相続人となったケースがありました。シンプルに考えれば、この3人で遺産分割協議をすることになりますが、私がまず懸念したのが、それぞれのご主人が口を出して関与してくることです。姉妹3人で財産の分け方に合意していたとしても、誰かのご主人が「なぜお姉さんよりうちの分け前が少ないのか」「もっともらうべきだ」などと言い出すと、それに対して他の姉妹のご主人も意見を述べ、というように、もめるリスクが高くなるからです。

そこで私は、遺産分割協議を行うために3人の相続人に集まっていただき、まず次のように投げかけました。

「財産の分け方としていろいろ決めることはありますが、みなさんはこの場で決断できますか？　それとも、この場で結論を出さず、家に持ち帰ってご主人に相談することはありますか？」

するると、3人全員が「主人には相談せずに、自分たちだけで決断します」ときっぱり答えてくれたので、私はほっとすると同時に、3人の意思の強さに感心しました。このケースでは、その場で遺産分割の内容が決まったのですが、同様のケースで特に女性の相続人が、「家に持ち帰って主人と話し合ってから合意するかどうかを決めたい」と希望されることもあります。この3人姉妹のようなケースはとても珍しく、結婚されている相続人であれば「配偶者に相談したい」というのが一般的に多い傾向があります。

相続人の配偶者としては、相談されれば何か言いたくなるものです。そこまで深く考えず、軽い気持ちで「もらえるものはもらっておいたほうがいい」などと言うかもしれません。しかし、相続は、あくまでも相続人自身の問題であり、厳しい言い方ですが、相続人の配偶者は部外者です。だから私は、相続人の配偶者は口を出すべきではないと考えているのです。

なかには、相続人の配偶者が相続人に軽くアドバイスするだけにとどまらず、遺産分割協議に直接口を出してくるケースがまれにあり、この場合の遺産分割協議は非常に難航します。本書をお読みのみなさんには、相続人の配偶者が口を出してくると、まとまるものもまとまらなくなることを、しっかりご留意いただきたいと思います。

もちろん相続人として、「少しでも多くの財産をもらいたい」と思う気持ちも理解できます。自分の相続分にどうしても納得できない場合は、他の相続人との折衝を弁護士に依頼したり、また、家庭裁判所に調停を申し立てたりするなど、深刻な事態にまで発展することがあります。現に、家庭裁判所で扱われる遺産分割事件数は、２０２０年度は１万１３０３件（司法統計による）で、近年は増加傾向にあります。

これは必ずしも高額の相続案件とは限らず、遺産分割事件になった案件の遺産金額を見ると、５０００万円以下が77・６％と大半を占めています。逆に遺産金額５億円以上はわずか０・６％で、遺産分割は「金持ちけんかせず」という傾向にあるといえます。

しかし、遺産分割をめぐって裁判で争うとなると、相続人それぞれが弁護士を雇うことになり、当然、弁護士費用がかかります。調停になれば、解決まで時間もかかります。つまり、もめればもめるほど、様々なコストが膨らんでいくのです。

さらに、相続税の申告・納付期限の問題もあります。

遺産分割協議が成立しないと各相続人が相続する内容が確定しませんから、相続税を最終的に確定することができません。しかし相続する内容が決まらなくとも「亡くなってから10カ月以内」という相続税の申告・納付期限は変わらないのです。遺産分割協議の成立が申告期限までに間に合わなければ、相続税を減らす効果のある特例を適用することができないなど、デメリットがあります。

相続人同士、身近な兄弟姉妹間で争いになれば、気苦労やストレスも並々ならぬものがあるでしょうし、関係が断絶してしまう恐れもあります。遺産相続がここまで深刻な争いに発展すると、いろいろなものを失ってしまうのです。

相続税は、10カ月以内に納付しよう

遺産分割協議がまとまり、誰が・何を・どのくらい相続するのかが決まったら、次に考えるべきは相続税です。「10カ月以内に納付する」ということは繰り返しお話ししましたが、実はこれは相続人が自分で意識しなければならないことであり、税務署から納付期日の通知が来るわけではないのです。

相続手続きは非常に煩雑で、初心者からすれば「何から手をつけていいかわからない」という状態かもしれませんが、時間は待ってはくれません。腰が重いからといって準備をあとまわしにしていると、最後の最後で大いに慌てることになります。

相続税の納付にあたっては、相続税の申告書を自ら作成して税務署に提出し、さらには税務署で納付書を入手し、自分で記入して納付しなければなりません。もちろん、税務署に行って相談すれば納付の仕方を教えてくれますが、書類の作成は非常に煩雑で面倒でしょうから、税理士などの専門家に依頼して、申告書の作成と税務署への提出、納付書の作成を代行してもらうのがスムーズかもしれません。

ちなみに、亡くなった人全員が対象ではありませんが、税務署から「お尋ね」という通知が届くことがあります。簡単にいえば「相続税を忘れずに申告して、納付もしてください」という旨の問い合わせで、同封される「相続税の申告要否検討表」に、故人の財産状況を記入して返送しなければなりません。

ご主人が生前に所得税の確定申告をしていた場合、税務署は毎年の申告情報を把握しています。「この人はこのくらいの財産があるだろう」という情報から相続税が発生する家庭を推測し、「お尋ね」を発送するのです。これが届くのは亡くなって半年後くらいのころですが、その時点で納税の準備を進めていなければ、期限は残り4カ月くらいしかありません。実際、「お尋ね」を受け取ってから慌てて税理士を探す人もいます。

残り4カ月というのはまだ良いほうで、私は「申告期限まで3週間しかないのに、何もやっていない」という相続人の方からご相談を受けたことがあります。この方は、相続人の身内に税理士がいて、もともとその人に相続手続きを依頼するつもりだったようですが、実は税理士の全員が相続に精通しているわけではなく、この税理士の方は、相続は専門外だったようで手続きがなかなか進まなかったそうです。

このときは、わずか3週間で戸籍をすべてさかのぼる作業から始め、亡くなってから10カ月ギリギリという時点ですべての手続きを終わらせましたが、やはり準備にかける時間は多ければ多いほどいいということを痛感しました。

相続税の納付期限は10カ月以内ですが、不動産の相続登記や預貯金の名義変更などの様々な手続きだけで、1カ月くらいを要することは多々あります。実際、不動産の相続登記や預貯金の名義変更などに具体的な手続き期限はありませんが、一連の相続手続きを10カ月以内に完了させることを目安にしたほうが相続手続き全体に漏れも生じませんので、やはり遅くとも8カ月目くらいには、遺産分割協議書をまとめておくことをおすすめします。

税務調査について知ろう

税理士である私のところには、税務署から「税務調査」の連絡が入ることがたまにあります。税務調査とは、正しく財産を申告して納税しているかを調査することで、税理士が税務業務を相続人の代理で行う場合、税務署に提出する申告書類に「税務代理権限証書」という書類を付けているので、税務署からの連絡は税理士に来るようになっているのです。

すべての案件に税務調査が入るわけではありません。年間で130万人以上が亡くなっているうち、相続税の対象になるのは12万人ほどです。この12万人のなかからピックアップされた人だけに税務調査が入ります。

相続税の税務調査の場合、対象となるのは約10％、電話などによる簡易的な調査を含めると約20％となります。ちなみに、私は年間100件以上の相続税申告のお手伝いをしていますが、2021年は税務調査が入ったのは1件だけでした。

税務調査の対象になる要件は明かされていませんが、おそらく財産規模が大きいケースや、税務署の職員が申告書の内容を見て違和感を覚えたケースのみ、税務調査の手が入るのではないかと考えています。

調査官に聞いた話によれば、税務調査が入るのは故人の三回忌を迎える前後だそうです。三回忌ということは亡くなって丸2年経ったときで、たとえば２０２３（令和５）年に税務調査に入るのは、２０２１（令和３）年に亡くなった方の相続税申告についてとなります。

税務調査では、多くの場合、相続人の自宅で面談が行われます。相続人と税理士が横並びで座り、調査官が対面に座って面談を受けるのですが、税務署側は「こんな情報が欲しい」という狙いを持って面談に臨んできます。狙っている情報を入手したら数時間で終わることもありますが、実際には午前中から始まり夕方まで丸１日がかりになることも決して少なくありません。相続人にとっては、精神的に大きな負担がかかるでしょう。

なかには、１日以上かかるケースもあります。私の過去の経験で、10月くらいに税務調査の連絡が届いて面談が始まりましたが、税務署が繁忙期となる確定申告期間の２～３月は調査が一時中断し、その後再開して終わったのが４月末というケースがありました。調査期間が長期にわたれば、相続人へのストレスはそれだけ増すことになります。

税務調査を回避するために相続人が心がけておくべきことは、申告する財産の計上漏れがないようにすることです。ご両親やご主人の財産を漏れなく把握して税理士に伝えておけば、税務調査の対象になることはあまりありません。財産把握に不備があれば、相続税額にもズレが生じ、税務署から目をつけられることになります。「この財産を見落としていた」と悪意がない場合でも、税務署からすれば「相続税額を抑えるために、申告しなかったのではないか」と邪推されるかもしれません。

財産を正しく申告していれば、税務調査を恐れる必要はないのです。

「基礎控除」の仕組みを理解しよう

相続税はいったいどのくらいかかるのか。読者のみなさんにとって大いに関

相続税の速算表

法定相続分に応じた各人の取得金額	税率	控除額
1,000万円以下	10％	0円
3,000万円以下	15％	50万円
5,000万円以下	20％	200万円
1億円以下	30％	700万円
2億円以下	40％	1,700万円
3億円以下	45％	2,700万円
6億円以下	50％	4,200万円
6億円超	55％	7,200万円

心のあるところかと思いますが、これは国税庁のホームページや各ホームページなどで公開されている「相続税の速算表」**（上図）**や「相続税額の早見表」を参照するといいでしょう**（146ページ図）**。

特に相続税額の早見表を見れば、自分が納める相続税が10万円くらいなのか100万円くらいなのか、それとも1000万円かかるのか、おおまかな額を簡単に把握することができます。

たとえば、ご主人の財産5000万円を妻と子ども1人が相続するとしたら相続税は40万円、子ども2人なら10万円、子ども3人以上なら0円といったように、相続人の属性に応じて、仮に法定相続分で相続した場合の相続税額が計算されているのです。

ここで、「なぜ相続人の数によって、相続税額が変わるのか」と疑問を抱く方もいるかもしれませ

相続税額の早見表

配偶者有の場合

（単位：万円）

課税価格／子どもの数	1人	2人	3人	4人	5人
5,000	40	10	0	0	0
8,000	235	175	137	100	70
10,000	385	315	262	225	188
15,000	920	748	665	588	530
20,000	1,670	1,350	1,217	1,125	1,033
25,000	2,460	1,985	1,800	1,688	1,595
30,000	3,460	2,860	2,540	2,350	2,243
35,000	4,460	3,735	3,290	3,100	2,930
40,000	5,460	4,610	4,155	3,850	3,660
45,000	6,480	5,493	5,030	4,600	4,410
50,000	7,605	6,555	5,962	5,500	5,203
60,000	9,855	8,680	7,838	7,375	6,913
70,000	12,250	10,870	9,885	9,300	8,830
80,000	14,750	13,120	12,135	11,300	10,830
90,000	17,250	15,435	14,385	13,400	12,830
100,000	19,750	17,810	16,635	15,650	14,830
200,000	46,645	43,440	41,182	39,500	38,083
300,000	74,145	70,380	67,433	65,175	63,000

配偶者無の場合

（単位：万円）

課税価格／子どもの数	1人	2人	3人	4人	5人
5,000	160	80	20	0	0
8,000	680	470	330	260	200
10,000	1,220	770	630	490	400
15,000	2,860	1,840	1,440	1,240	1,100
20,000	4,860	3,340	2,460	2,120	1,850
25,000	6,930	4,920	3,960	3,120	2,800
30,000	9,180	6,920	5,460	4,580	3,800
35,000	11,500	8,920	6,980	6,080	5,200
40,000	14,000	10,920	8,980	7,580	6,700
45,000	16,500	12,960	10,980	9,080	8,200
50,000	19,000	15,210	12,980	11,040	9,700
60,000	24,000	19,710	16,980	15,040	13,100
70,000	29,320	24,500	21,240	19,040	17,100
80,000	34,820	29,500	25,740	23,040	21,100
90,000	40,320	34,500	30,240	27,270	25,100
100,000	45,820	39,500	35,000	31,770	29,100
200,000	100,820	93,290	85,760	80,500	76,000
300,000	155,820	148,290	140,760	133,230	126,000

※2022年12月現在の税制・関連法令などに基づいて作成
※試算前提として、法定相続分で相続したものとする。配偶者の税額軽減を法定相続分まで適用するものとする。

ん。その理由としては、相続税には基礎控除があるからです。「基礎控除」というのは、「故人の財産のうち、一定の金額までは相続税がかからない」という金額のことで、財産総額が基礎控除額以下ならば、相続税は一切かかりません。基礎控除額を算出する方式は、次の通りです。

基礎控除額＝３０００万円＋６００万円×法定相続人の数

この計算式によって算出された金額を超えると、相続税を申告する必要があります。たとえば相続人が３人なら、基礎控除額は次のように求められます。

３０００万円＋６００万円×３人＝４８００万円

つまりこの場合、不動産などを含めて相続したすべての財産が４８００万円以内であれば、相続税はかかりません。ただし、この控除額は現預金だけを指した額ではないことには、十分ご注意ください。

第1章でお話しした通り、最近ではメディアが率先して「相続税対策をしなければならない」というムードを煽っているように見受けられます。「税金をたくさん取られるのは嫌だ」と考える方もいると思いますが、私の経験上、「どうしても相続税が払えない」というケースはあまりないように感じています。むしろ先に挙げた早見表を見れば、「うちの相続税は思ったより少なそう」などと安堵するかもしれません。

つまり、定められた適正な額の相続税を期限内にしっかり納め、なおかつ豊かな老後生活を送れるだけの財産が残るのなら、相続税を圧縮しようとむやみやたらに目くじらを立てる必要はないのです。もちろん、むやみに多額の相続税を納める必要はありませんので、どうしたら節税ができるか、検討してもいいと思います。

とはいえ、財産の額が大きい場合は事情が異なります。たとえば財産が20億円の場合、相続税は妻と子ども1人なら、相続税は約4億6645万円となります。

相続税は基本的に現金で納付しなければなりません。残された財産の構成にもよりますが、さすがに4億円超の相続税を現金で納めることができる人はなかなかいないでしょう。つまり、納税用の多額の現金をいかにして用意するかが焦点となります。

私のお客さまで、ご両親が亡くなっておよそ8億円の相続税が発生した方がいましたが、ご両親がかけておいてくれた生命保険ですべて支払うことができました。ご両親は相続税の納税を見越し、生命保険をかけて準備をしてくれていたのです。このように、財産があまりに多く多額の相続税が発生すると事前にわかっている場合には、生前から納税資金を準備しておくことが、とても大切になります。

財産を隠すとペナルティが発生する！

「不動産は持っていません」――亡くなったお母さまの財産を相続したこのお客さまは、当初手続きを任せていた銀行に、そう伝えていたそうです。あるきっかけで私がその方の相続税申告のお手伝いをすることになったのですが、あとになって不動産を所有していることが発覚しました。この方は、不動産の存在を知らなかったわけではなく、亡くなったお母さまが不動産を所有していたことを銀行にも私にも隠していたようです。

なぜ、この事実が判明したのか。そのきっかけは、この方自身の遺言書作成を引き受けることになったことでした。遺言書を作成するためにこの方の財産を洗い出したところ、「自宅」の不動産が亡くなったお母さまの名義になっていたのです。思わず私は尋ねました。

「亡くなったお母さまは、不動産を所有されていたのですか?」

「はい、そうです……」

「でも、お母さまが亡くなったときにはこの不動産のことを申告していないですよね」

「はい。当初銀行の人に聞かれましたが、答えたくなかったので、答えなかっただけです」

この会話がなされたときには、お母さまの相続税の申告書は、既に税務署に提出されていました。申告期限も過ぎていましたので、この不動産は完全に「申告漏れ」という扱いになります。

このように、申告漏れの財産などが見つかり、あとから修正申告を行った場合、足りない分の税金を払うだけではすみません。状況にもよりますが、足らない分の税金の他に、過少申告加算税というペナルティが発生します。さらに納付が遅れた日数に応じた延滞税も追加で納付する必要があります。また、税務調査で申告漏れがあることが判明し、内容が悪質だと判断されると、重加算税という重いペナルティが追加される恐れもあります。

私が税理士として相続税申告のお手伝いをするなかでみなさまにお願いしているのは、「すべての財産を漏れなく教えていただきたい」ということです。

もちろん、自分の全財産を他人に知られたくないという相続人のお気持ちも重々わかります。それに、相続人自身が故人の財産を把握しきれていなかったというケースもあるでしょう。実際、故人の預金通帳の履歴をチェックして、「このような財産が他にもあるのではないでしょうか？」と、相続人が知らない財産にたどり着いたことも過去にありました。

しかし先に述べた通り、申告漏れがもたらすダメージは非常に深刻です。これから相続税の申告を行う相続人の方々には、このことをしっかり認識していただき、たとえ税理士に伝えにくい気持ちがあっても、財産のすべてを正直にお話しいただきたいと思います。それが延滞税などの余計なペナルティを未然に回避する唯一かつ最大の方法であり、「財産の一部を隠しておこう」という意思がなくとも、鵜の目鷹の目の姿勢を持って、故人の財産の把握に取り組んでいただきたいと思います。

配偶者を守る2つの制度を知ろう

相続税には、配偶者に対する優遇制度があります。この制度を「配偶者の税額軽減」といいますが、具体的には、配偶者が相続する財産が法定相続分か1億6000万円以下であれば、配偶者には相続税が発生しないのです。

たとえば、ご主人が10億円の財産を残して亡くなり、残された奥さまが半分の5億円を、子ども1人が残り半分の5億円を相続するとしましょう。この場合、子どもには相続税がかかりますが、奥さまは法定相続分以内ですので、相続税は0円となります。

この例ではご主人の財産を10億円、奥さまが相続した額を5億円と設定しましたが、極端な話、たとえ奥さまが相続した額が100億円と高額であっても、それがご主人が残した財産の法定相続分以下ならば奥さまには相続税がかからないのです。

一方、妻が法定相続分を超えて相続しているケースにおいても、配偶者の税額軽減は適用されます。亡くなったご主人が1億5000万円の財産を、奥さまと2人の子どもに残した場合を例に挙げれば、相続人は妻と子ども2人の計3人です。ここで、2人の子どもが「この1億5000万円の財産は、全部お母さんが相続していいよ」と合意したとしましょう。奥さまは法定相続分である7500万円を超えた1億5000万円もの財産を相続したことになりますが、配偶者の税額軽減の要件のひとつである「1億6000万円以下」という要件を満たしていますから、このケースでもやはり配偶者には相続税はかからないのです。

また、住まいについての優遇制度もあります。「小規模宅地等についての相続税の課税価格の計算の特例」、通称「小規模宅地の特例」で、これは居住用や事業用の宅地について一定の要件を満たすと、一定の面積まで評価額が減額されるという制度です。

わかりやすいのは、自宅不動産の相続です。この特例では、居住用である自宅の土地なら、100坪（330平方メートル）まで評価額を80％減額することができます。ただし、100坪を超える自宅、たとえば150坪の自宅を相続した場合は、このうち100坪分が評価額の減額の対象となりますが、残り50坪分にはこの評価額の減額を適用することができません。

たとえば、都内に90坪の土地があり、評価額が1億円だとします。実際、都内ならば小さな土地でも評価額が1億円を超えるケースも多いのですが、90坪なら「100坪」という小規模宅地の特例上の限度面積以下なので、評価額1億円の80％が減額され、評価額は2000万円となります。

ただし、小規模宅地の特例が適用されるためには、様々な要件があります。

まず、相続する人が配偶者であること。また、配偶者でなくても、被相続人と同居していた相続人であれば適用することができます。このほか、同居していない相続人が相続する場合でも適用が認められるケースがあります。簡単にいえば、被相続人に配偶者や同居している相続人がいないこと、この同居していない相続人が過去3年間持ち家に住んだことがないことなど、いくつかの要件を満たす場合に適用を受けることができます。

この特例は、多額の相続税の支払いのために住む家を失うことがないように、との趣旨で設けられた制度になります。ちなみにこの小規模宅地の特例では、自宅の他に貸している不動産を相続した場合にも、一定の要件を満たす場合には、土地の評価額を50％減額することができます。

残された妻に発生する相続税の負担を軽減する制度として、この「配偶者の税額軽減」と「小規模宅地の特例」の2つを押さえておけば十分です。もちろん、10カ月以内という相続税の申告期限内に、税務署に相続税の申告書の提出を終わらせなければ、これらのお得な制度を使うことはできません。

税務署としても、「10カ月以内に遺産分割協議を終え、誰がどの財産をどれだけ相続するかを決めて申告すれば、特例の恩恵を受けられる」という、相続税の申告期限をしっかり守らせる狙いもあるのです。

とはいえ、事情によっては10カ月間で遺産分割協議がまとまらないこともあるでしょう。その場合は遺産分割協議が成立しなくても、未分割というかたちで一旦法定相続分で相続したという内容にして、一度期限内に相続税の申告と納税をされることをおすすめします。

この状態では配偶者の税額軽減や小規模宅地の特例を使うことはできませんが、当初の申告時に「3年以内に遺産分割協議をまとめます」という旨を記載した書類を提出することで、10カ月を超えても遺産分割協議がまとまりしだい、2つの制度をあとから利用することができます。

ただし、この方法には注意点もあります。本来、特例が使えれば納税額を大きく圧縮できるのに、特例がまったく使えないわけですから、納税額分の現金を準備しなければなりません。また、遺産分割協議が終わらないということは、銀行預金の解約手続きもできません。つまり、ご主人の銀行口座からお金を引き出すことができないのです。そのような状態で多額の納税用の現金をどのように捻出するのか。これは非常に無理難題です。

やはり10カ月以内に相続人間で遺産分割協議を終え、税務署への相続税の申告書の提出までを終わらせなければ、のちのち相続人にとって余計な面倒や気苦労をもたらすことになってしまうのです。

夫の兄弟姉妹の相続税は２割増し!?

配偶者の税額軽減や小規模宅地の特例は、相続人にとってメリットのある制度ですが、逆に相続税額が高くなる制度もあります。たとえば、亡くなったご主人の兄弟姉妹や第三者らが相続する、あるいは甥や姪が相続する場合には、相続税が２割加算されるのです。

少し複雑なのが、孫が相続するケースでも、状況によっては、やはり相続税が２割加算されることがあります。たとえば、祖父が亡くなったとしましょう。祖父の子ども、つまり孫の親がまだ生きているのに孫に相続させる場合には、孫の相続税は２割加算されることになります。いわば代を飛ばして相続するケースで、祖父が孫を養子にしていたとしても、やはり相続税は２割加算されます。

一方で、祖父が亡くなる前に祖父の子、つまり孫の親が亡くなっている場合は、孫は「代襲相続人」という扱いになりますので、2割加算はされません。

どんな立場の人が相続すると2割加算が発生するのか否かを判断する基準を簡単にいえば、「故人の財産を相続する立場から遠い」という点がポイントとなります。相続人が被相続人から遠い関係にあると見られる場合には、2割加算が発生すると想定しておいたほうがいいかもしれません。

相続税額を工面しよう

自分の支払うべき相続税額がわかったら、そのお金を工面する必要があります。これまで述べた通り、相続税は現金による一括納付が基本です。手元に相続税を納められるだけの預貯金などの金融資産があれば、スムーズに納税手続きを進めることができるでしょう。

ところが、相続財産の大半が不動産という方の場合は、相続税を払えない恐れも十分にあります。この場合は不動産を売って現金化し、納税するのが一般的ですが、この不動産売却が大きな難問なのです。

「10カ月以内に納付しなければならない」ということは、「10カ月以内に不動産を売って現金を得なければならない」ということです。しかし、不動産はすぐに現金化できるような流動性の高い資産ではありませんから、焦って売ろうとして買い手に足元を見られ、安く買い叩かれてしまうことにもなりかねません。とにかく早く売る、できる限り高く売るというのは、なかなかの至難の業です。

こうしたリスクを避けるためには、とりあえず銀行や知人から現金を借りて相続税をまずは納付してしまうのもひとつの進め方です。相続税を納めたあと、ゆっくりと時間をかけて不動産を高値で売却して現金を得て、その売却して得たお金で借りたお金を返済するという方法もあります。

くわえて、どうしても現金で払えない場合には、「延納」という分割納付の制度もあります。文字通り納付期限を延ばすことができる制度ですが、延納できる期間は原則として5年以内と決まっており、一定の条件を満たせば最長20年まで延長することが認められます。

ただし延納した場合、毎年均等額を納付することになり、その際「利子税」を支払わなければならないことにはよくよく注意しましょう。


相続税を払えない方を救済する制度として、「物納」という制度もあります。これは「相続税をお金ではなく物で納める」という内容で、物納が認められる対象は様々ですが、優先順位があります。国債や不動産、上場株式といった換金性の高いものは、優先順位が高いのです。

物納を利用する際には、「延納による金銭での納付が困難であること」などの厳しい条件が付いていて、近年は、なかなか物納が認められなくなっています。「現金で相続税を払えないから、土地で払おう」というように、簡単にはいかないわけです。

つまり相続税の納付は、現金一括払いが大原則で、それが無理なら延納して分割払いにする、それでも無理なら最終手段として物納をする、と覚えておきましょう。

「準確定申告」とは？

亡くなったご主人が毎年所得税の確定申告をしていた場合、相続の開始を知った日の翌日から４カ月以内に、その年の１月１日から亡くなった日までの収入を取りまとめ、所得税の確定申告を行う必要があります。これを「準確定申告」といいます。

たとえば、地主でアパートを経営していたご主人が８月31日に亡くなった場合、ご主人には１月１日から８月31日までの８カ月分の家賃収入が発生しています。この８カ月分の所得から、納めるべき所得税を算出して申告するわけですが、ご主人はこのとき既に亡くなっていますから、相続人が代わりに申告し税金を納めることになります。

このとき、まだ遺産分割協議が終わっていない可能性もありますが、そのときには誰かが立て替えておく、あるいは法定相続分で負担するなどして対応しなければなりません。

「相続放棄」という選択肢を持とう

相続人が相続するのは、争いの火種となるようなプラスの財産だけではありません。マイナスの財産、つまり借金も相続します。ご主人が借金を残して亡くなった場合、相続人である奥さまやお子さんたちが返すことになります。

「借金」というと「自分には縁がない」と思うかもしれませんが、たとえば亡くなったご主人が土地活用のためにアパートやマンションを建てていて、そのときの借り入れが残っていれば、それは当然相続人が引き継いで返さなければなりません。

あるいは、ご主人が経営者なら、会社の借り入れに個人保証を入れていることが多いでしょう。それが家族にまで及ぶのかどうか、事前に把握しておくことをおすすめします。同様に、住宅ローンもクレジットカードの支払いやカードローンも、未払いの支払い関係はすべて相続の対象となります。

とはいえ、ご主人が債務者となっている住宅ローンが残っている場合、多く

は債務者が亡くなると残高が完済される「団体信用生命保険」に加入していま
す。ゆえに住宅ローンが残っていても、相続人である奥さまや子どもたちが返
済する必要は原則としてありませんので、ご安心いただければと思います。

そもそも、相続は放棄することも可能です。相続するプラスの財産とマイナスの財産を天秤にかけて、マイナスの財産のほうが多ければ、相続を放棄するというのもひとつの手ですが、もしも相続放棄をする場合、法的には、亡くなってから3カ月以内に家庭裁判所で相続の放棄の手続きを取らなければなりません。一般的に世間では、「相続を放棄する」というのは、家庭裁判所での法的な手続きではなく、遺産分割協議でこの意思を宣言することを指す場合が多いようですが、これも実質的には法的な相続放棄と同じです。他の相続人全員がこの意思に合意すれば、相続を放棄することができます。

家庭裁判所で法的な相続放棄の手続きを取るメリットは、嫌な思いをしないですむことです。法的に相続を放棄すれば、遺産分割協議に出席する必要もありません。遺産分割協議でどんなにもめようが、そうしたトラブルと無縁でいられます。相続人同士の関係性がもともと悪く、「煩わしいことに関わりたく

ない」という方の場合は、法的な手続きを取ることが多いようです。

ちなみに、法的に相続放棄した相続人がいたら、相続の順番が変わることがあります。ご主人の子ども全員が放棄したらご主人の親へ、ご主人の親がいなかったら、その兄弟姉妹へと、相続の権利が移っていくのです。


ただし「借金が多いから相続を放棄しよう」というのはやや尚早で、たとえ故人に借金があっても不動産などの資産を売って返せる見込みがあるなら、相続を放棄する必要はないと私は考えています。

私がかつて相続放棄の相談に乗ったときのことですが、ご主人が借金を抱えたまま亡くなったため、奥さまが相続を放棄するかどうか悩んでいました。なかなか決断できず、法的な相続放棄の期限である3カ月という期限が間近に迫ってきたころ、やっと相続放棄を決めました。そこから放棄の手続きのために戸籍を用意したり書類を作成したりと、とてもあわただしかったことを覚えています。相続放棄にも煩雑な手間がかかりますから、放棄を検討するならやはり早めに準備を進めることをおすすめします。

最近では、相続放棄のサポートを主力サービスのひとつにしている司法書士事務所もあり、相続放棄を考える人が多くなっていることを感じます。借金を残さないで亡くなるというのが理想ですが、これぱかりは様々な事情があってどうしようもないことです。生前のうちに借金のことを家族で話し合い、なんらかの対処をしておくのがいいでしょう。

借金がある場合に使える「限定承認」とは？

相続を放棄する際、そもそも故人の借金がどれくらいあるのか明確ではないというケースもあるでしょう。「借金があったので早々に相続を放棄したのに、借金よりもプラスの財産のほうが多かったことが後でわかった……」と後に明らかになることがあるかもしれません。

そのような不確かな状態のときには、「限定承認」という方法があります。これは「プラスの財産の範囲内で、マイナスの財産を受け継ぐ」というもので、相続財産から故人の借金などを清算し、それでも財産が余ればそれを引き継ぐことができるのです。もしもプラスの財産より借金のほうが大きかったとしても、自らマイナス分を負担する必要はありません。

ただ、この限定承認は「相続人全員が家庭裁判所に申し立てなければならない」という要件があります。相続人全員の意見が一致しなければ、申し立てすることはできません。

このため、私自身も限定承認を申し立てたという話はほとんど聞いたことがなく、さらに「相続の開始を知った日から3カ月以内」という定めもあり、これも限定承認のハードルを上げている要因のひとつといえます。

専門家も活用しよう

本章では、具体的な相続対策についてお話ししてきましたが、やはり「自分には難しそう……」と考える方もいるでしょう。そんなときは相続の専門家に相談することをおすすめします。

主な相談先としては、弁護士、司法書士、行政書士、税理士、金融機関が挙げられます。それぞれ得意とする分野は異なり、遺産分割で争いごとが起きているなら、弁護士に相談するといいでしょう。不動産登記のことなら司法書士

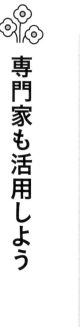

に、公式な書類の作成代行なら行政書士に、相続税の申告や納税のことなら税理士に、といったように、自分たちの相続でどの部分が最も難しそうなのかを把握し、ベストな相談先を選んでいただきたいと思います。

ここで注意すべきは、弁護士と税理士の違いです。両者は同じ「士業」であり、相続関連の相談先として一般的なのですが、それぞれのスタンスには決定的な違いがあります。

まず、弁護士はあくまでも依頼人の利益のために仕事をするという姿勢を持っていることです。仮にご両親が亡くなり、長男、二男、長女の３人の相続人が遺産分割でもめた場合、長男が弁護士を雇ったなら、その弁護士は長男の利益や権利を代弁します。二男や長女もそれぞれ弁護士を雇えば、それぞれの利益や権利を代弁して議論を行います。このため、３人の相続人の関係性が悪化することが予想され、もっといえば断絶することはもはや必須といえます。

一方で税理士がめざすのは、あくまで10カ月以内の相続税の申告と納税です。特定の相続人の権利や利益を代弁することはなく、先の例でいえば長男、二男、長女がそれぞれ別の税理士を雇うことは、よほどのことがない限り、まずありません。つまり、税理士は中立的な立場で相続にかかわりますので、相続人同士の関係性が良好に保たれる可能性が高いということです。私自身も相続のお手伝いをするときには、相続人全員にできる限り平等にかかわることを心がけ、相続人全員が納得できる遺産分割をめざしています。

ただし気をつけていただきたいのは、税理士ならば誰もが相続税に詳しいわけではないということです。税理士になるための試験では、相続税法は選択科目のひとつにすぎず、税理士になった人が全員相続税について勉強しているとは限らないのです。さらにいえば、税理士試験で相続税法を選択しているかどうかは、相続税の実務スキルとはほとんど関係がありません。

もちろん、税理士試験のなかで相続税のことを勉強すれば、それだけ知識がありますから有利だといえますが、知識と実務はまったくの別ものだと私は考えています。相続の現場で起こることは実に多様で、ひとつとして同じケースはありませんので、経験を重ねて実務のスキルを磨いていくしかないのです。医師国家試験に合格したからといって、外科医が全員名医というわけではないように、現場での手術の経験を重ね、最新の知識や技術を磨いて名医へと成長していくのです。税理士にも、これとまったく同じことがいえると思います。

くわえて、税制は生きもののようなもので、毎年のように改正されていきます。税理士試験を受けたときの知識は、数年後には古くなっていることでしょう。相続の最前線で場数を踏んでいる税理士が、知識をアップデートし続け、様々なケースを扱っていくなかで、相続に精通していくのです。

ベストな税理士を選ぶポイントは？

税理士に相続の相談をしようと思ったときに、どのような視点で相談する税理士を選ぶべきか、大いに悩むところだと思います。

街を歩けば、「相続の相談に乗ります」「相続税のことはお任せください」といった税理士事務所の看板や広告が今はそこかしこにあふれています。私自身も相続税を専門とする税理士のひとりですが、税理士を選ぶときに留意していただきたいポイントは、事務所の規模が大きければ大きいほどいいわけではないということです。

大手事務所の最大の強みは、マンパワーです。しかしそれゆえに、担当の税理士が異動したり離職したりする可能性もあり、小さな事務所のほうが、お客さまに長期的に寄り添うことができるかもしれません。現に、最初のうちは大手事務所に何年か勤め、その後独立を考えている税理士も多く、人の出入りが激しいのです。その意味では、担当者が実務経験の浅い若手という場合も懸念されます。相続のサポートは経験がモノをいう部分も多く、その事務所のトップが相続の大ベテランであっても、実際の担当者が経験の少ない税理士であれば、ちょっと不安になるかもしれません。

つまるところ、規模の大小よりもその税理士事務所および担当者を信頼できるかどうか、親身になって相談に乗ってくれるか、自分に合うかどうかだと思います。先に述べた通り、自分たちの全財産を教えるというセンシティブな面もあり、なおかつ家族や親族の関係性を明かすという部分でも、「この人になら打ち明けられる」と心から思える相手にお願いするのが一番だと考えています。

税理士を選ぶときには、ひとつの事務所やひとりの税理士に相談に行き、その場で決める必要はありません。少し手間はかかりますが、2〜3人の税理士に話を聞いてみて、料金や対応の仕方なども踏まえて選んだほうがいいでしょう。きっと、税理士によって大きく異なることを実感できるはずです。

第4章

「残された妻の人生を豊かにする相続」を叶えるために

「夫の相続」は、「残された妻の人生」の出発点

これまでにお話ししてきたように、ご主人に先立たれた妻の方々にとって大きな心配材料となるのは、お金のことだと思います。相続における様々な問題をクリアしたとしても、その後の人生を憂いなく過ごせる十分なお金が必要です。しかし現実問題、定期的に入ってくる収入は年金くらいのもので、奥さまご自身にもある程度の財産がある、または不動産の賃貸収入などがあれば生活に余裕が生まれるかもしれませんが、預貯金を取り崩さなければならないのでしたら、お金は減っていく一方です。実際に私は、ご主人の死後汲々とした日々を送る奥さまを数多く見てきました。

そのため、ご主人が亡くなって相続が発生したときには、奥さまはまずは自分自身が安心して暮らせることを最優先して行動すべきだと私は考えています。たとえば、将来的に介護が必要な状態になって、老人ホームなどの施設に入る可能性もあります。そう考えると、やはりお金はある程度確保しておいた

ほうがいい。結果的に老人ホームに入らないですむなら、余ったお金を自分の趣味にまわすこともできます。

その意味では、いろいろな選択肢をとれるように準備しておくのがベストです。「自分は自宅で暮らすしかない」という選択肢しかない状態よりも、「自宅でも暮らせるし、老人ホームにも入れる」という状態にしておいたほうが、心理的に安心できます。

「たまには外食する」「年に1回は、孫と一緒に国内や海外へ旅行に行ける」といった行動を自由に選べるだけのお金があれば、ご主人が亡くなったあとも豊かに幸せに暮らすことができます。ご主人の相続は、残された奥さまにとって人生の新たな出発点です。このスタート地点で、老後の不安を解消できるだけの十分なお金を確保していただきたいと思います。

老後の選択肢を増やすといっても、ご主人が亡くなってからできることには限りがありますから、可能であればご主人の生前から相続対策に取り組むに越したことはありません。そのときに注意していただきたいのが、「木を見て森を見ず」の相続対策になってはならないということです。

たとえば、「いずれ発生する相続税を減らすために、利用していない土地の上に収益物件を建てよう」というような選択は、先のたとえでいうところの「木」に当たります。現金のまま保有しておけば相続発生時に分割しやすいですが、不動産にしたばかりに分けづらくなり、それが原因でいざこざが起こるという可能性も考えられます。節税はできたけど、親子関係や親族関係が悪くなってしまったというのでは、元も子もありません。

もちろん、不動産投資を一概に否定するつもりはなく、私自身、相続のご相談を受けたときに不動産への投資をおすすめすることもあります。ただしそれは「森」、つまり「残された奥さまがその後豊かに暮らせる」という全体像を見て、この方法が効果的だと判断したときに限ってのことです。不動産を購入したほうがいいケースもあれば、購入しないほうがいいケースもあり、それは個々の事情によって異なります。なかには、「相続税対策としてアパートを建てよう」というメディアの煽りを受けて安易に不動産投資を選択する例も見られますが、目先の節税よりも「豊かな老後」という大きなゴールを見据えて判断しなければなりません。

不動産のみならず、「株式の生前贈与をしよう」「生命保険を活用しよう」というように、相続税対策として他の手法をすすめられたというご相談を受けることもあります。この背景としては、金融機関や生命保険会社の営業担当者が、それぞれの商品を売るためにアピールしているという事情があります。当たり前ですが、金融機関であれば金融商品を売りたいし、不動産会社は不動産を、生命保険会社は生命保険を売りたいと考えます。

各商品にそれぞれメリットがありますが、自分にとって最適な選択はどれなのか、部分最適ではなく全体最適を考えて判断する必要があります。一連の相続の問題において、節税はあくまでも相続対策の一部にすぎないのです。

生前の相続準備のポイントは？

私がこれまでに相続のサポートをした例で、ある地主のご夫婦は、お互いが健在のときから子どもを交えて将来の相続について話し合いをしていました。

このご夫婦は70代でお子さんは40代でしたが、財産の内訳や金額など、すべてお子さんに詳しく伝えていました。もしもご主人が亡くなったら、奥さまとお子さんがいくらの財産をどのように分けるのかを生前のうちから話し合って決めていたのです。

また別のお客さまで、この方も地主でしたが、賃貸アパートなどの管理を娘さんに任せるなど、保有不動産の整理を生前のうちから始めていました。いわば「終活」の一環ですが、その過程で「このままの状態では、相続税を払うためのキャッシュが足りなくなる」ということも事前に判明し、不動産を一部売却して現金化するなど、財産整理を進めていったのです。

いずれのケースにおいても、ご主人はすべての財産を引き渡す枠組みを完璧につくってから亡くなりましたので、のちの相続でトラブルは一切起こりませんでした。

この2つの例のように、家族全員で財産について話し合って、どうやって相続するかを決めておくというのは、非常に有効です。これをやっておけば相続でもめごとが起きることはまずありません。

生前のうちに相続のことを話し合うというのを嫌がる方もいらっしゃいますが、家族全員で事前に準備しておくことで、万が一の事態が起こっても焦ることなく、円満に相続が進められることを、改めて心に留めていただきたいと思います。

夫と事前に話し合っておくのがベスト

しかし、実際にご主人と相続について具体的に話し合っているご夫婦は少ないというのが、私の実感です。ご主人から自発的に「自分の死後に発生する相続のことを考えておきたい」と言ってくれればいいのですが、奥さまのほうからご主人に話を切り出すのは、ちょっとためらわれるかもしれません。

しかし第1章でお話ししたように、「そのとき」はいつか必ずやってきます。ご主人の死後における奥さまの生活への不安を事前に解消するためにも、勇気を出してご夫婦で一度話し合われることをおすすめします。特に、お子さんとの関係性があまり良くない、お子さんが複数いて兄弟間の仲が悪いなど、懸念事項があればなおさらです。

相続対策というとやはり身構えてしまうと思いますので、少々面倒くさがりのご主人であれば、「あなたがいなくなったあとのことを一緒に考えてほしい」「長男は弁が立つから、相続のときに私は丸め込まれてしまうかもしれない」などと、ストレートに自分の感情をぶつけてみてもいいかもしれません。ご夫婦の関係性によっては、「あなたは財産をどのくらい持っているの?」「あなたにもしものことがあったときのために、財産を教えて」などと直接的に話すと、ご主人が気分を害する可能性も大いにあります。そんな場合には、テレビを一緒に見ていてたまたま相続の特集をやっている場面に出くわしたとき、「うちもそろそろ考えたほうがいいかもね」といったように、それとなく切り出してみるのがいいかと思います。それでもご主人に直接言いにくいのであれば、専門家の無料相談に行ってみるのもひとつの手です。

ご主人が財産の目録づくりなどを始めてくれるのが理想的ですが、どうしても動かないのであれば、奥さまが自分でできる範囲でも、相続の準備を始めたほうがいいでしょう。たとえば、第3章でもお話ししましたご主人に届いた銀行や証券会社、不動産会社からの郵便物をチェックするというのは、ご主人の生前から簡単にできることです。それだけでも、死後の財産の棚卸しのときに、大きな効果を発揮します。

財産を把握する上では、ご主人との普段の会話も大きなヒントとなります。「実は、親から受け継いだ土地が自分の名義になっている」「実は貸していて、返って来ていないお金がある」「誘われてゴルフ会員権を購入したことがある」といった財産に関する言葉は、そのつどメモを取るなどして覚えておいていただきたいと思います。

簡単な財産目録づくりのヒント

私は相続関連のセミナーで講師を務めることがありますが、生前に財産目録をつくることの重要性は、必ずお伝えしています。生前のうちに財産目録をつくっておいてもらえれば、遺産分割協議をスムーズに進められますし、そして何よりご主人の財産を事前に把握できれば、奥さまの老後の生活をより具体的に見通すことができます。

次のような話を聞いたことがあります。

ある奥さまは、生活費を含めてご主人からお金をもらったことがほとんどなく、ご自身が病気になって入院しても、ご主人は医療費を一切出してくれなかったそうです。奥さまには兄弟がたくさんいたので、仕方なく兄弟にお金の相談をしていました。一方で奥さまは、ご主人が亡くなったら相続人としてそれなりの財産を相続できるだろうと考えていたようです。

そして実際にご主人が亡くなって財産を洗い出してみたのですが、奥さまの予想をはるかに下まわる額であることが判明しました。ご主人はケチで妻に生活費を渡さなかったわけではなく、そもそもお金を持っていなかったことが明らかになったのです。奥さまのあては大きく外れてしまい、これではその後の生活もままなりません。

このお話から得られる教訓としては、やはり生前からご主人とコミュニケーションをとっておくべきであるということ、そしてご夫婦で夫に先立たれたあとの奥さまの生活について、真剣に考えておくべきであるということです。

ご主人が財産目録をつくってくれる気になったとしても、すべての財産名をリストアップするだけでなく、その金額も記さなければなりませんから、これはなかなか大変な作業です。そこでおすすめなのが、「大事なもの袋」をつくり、その中に通帳や生命保険証券などを放り込んでおくという方法です。

これは私自身も実践していることで、私の場合はファスナーが付いているビニール製のケースに、通帳や生命保険証券など重要と思われる書類をすべて保管しています。このケース自体は文具店や百円ショップで簡単に手に入るものですが、もしも私が死んだときには、残された家族はこの「大事なもの袋」を開ければすべての財産を把握できますので、手間も費用もあまりかからず、費用対効果が抜群です。年に1回くらい中身をチェックして古いものは捨てておけば、さらに精度が上がります。この方法なら、財産目録をつくるよりも圧倒的に手間がかかりませんから、ぜひ試していただきたいと思います。

もしできることなら、取り扱い説明書のようなイメージで、銀行預金の金額や生命保険に加入している金額を書面に記載し、「このお金は妻に使ってほしい」「このお金は子どもの教育費のために使ってほしい」「この人に連絡すれば生命保険の手続きを滞りなく進めることができる」など、財産をどのように取り扱ってほしいか、家族に伝えるものがあるとより良いと思います。

デジタル相続対策は必須

近年の相続でしばしば問題になるのが、ＩＴ資産です。

本書をお読みのみなさんのなかには、紙の住所録をつくっている方もいるかもしれませんが、知人の連絡先をすべてスマートフォンやパソコンで管理しているという方が最近は多くなってきたように感じています。インターネット専業の銀行や証券会社に口座をお持ちの方もいるでしょう。このため、ご主人が亡くなったときにパソコンやスマートフォンのパスワードがわからず、遺族が困惑するというケースが頻発しています。葬儀について知人に連絡すらできないというのでは、大変困ってしまいます。

そうならないためにも、最低限のデジタル相続対策はご主人にお願いしておいたほうがいいでしょう。たとえば、ｉＰｈｏｎｅには「故人アカウント管理連絡先」という機能があります。これを利用すると、持ち主が亡くなったあとに相続人がスマートフォンにアクセスすることが可能です。パソコンやスマートフォンのパスワードの解読を請け負うデジタル遺品サービスの業者もありますが、解読できない場合もありますので、やはり生前からの対策が最も安全といえるでしょう。

遺言書を作成しておくべきか

「生前からの相続対策」と聞いて、遺言書の作成を思い浮かべる方も多いかと思います。遺言書を書くべきか否かというのに、財産金額の大小は関係ありません。自分が死んだあとに財産を誰にどれくらい渡すかを事前に自分で決めておくことで、残された家族や親族が相続争いをすることを未然に防ぐことができ、円満に相続を進めることが可能になります。

たとえば、第2章の事例3で挙げたように、夫婦に子どもがおらず、ご主人が地主家系の末っ子長男だったとしましょう。既にこの夫婦それぞれの両親は他界していますので、遺言書がなければご主人の財産の多くは妻、そしてその後は妻の兄弟姉妹へと相続されていきます。ご主人が「自分が受け継いだ土地は姉たちに返したい」と考えているなら、遺言書でその意思を残さなければ、絶対に叶えられません。

あるいは、前妻との間にも現在の妻との間にも子どもがいて、「現在の妻との子どもだけに財産を残したい」という場合も、遺言書を書いたほうがいいでしょう。前妻との子どもも、現在の妻との子どもと同様に、相続する権利があります。

遺言書でいえば、こんなケースがありました。お客さまは80代の男性で、遺言書の作成をお手伝いしたのですが、ある日「遺言の内容を見直したい」とご連絡をいただきました。この方と奥さまは、高級介護施設で暮らしていました。一般的なシニア世代よりはお金に余裕があるのですが、とても心配性で、「自分が死んだら妻がお金に困らないか」と不安になって遺言書の見直しを考えたそうです。そこで私は実際にお会いしてお話をうかがい、3カ月くらいかけて遺言書を書き直す段取りを整え、どのように財産を分けたいのか、考えをまとめていただくことにしました。

ところがその後しばらくして、この方から「財産の分け方に悩んでしまって、遺言の内容を決められない」という連絡がきたのです。結局私がアドバイスしながら配分を決めたのですが、この方のように、財産配分を自分で決められないという方は少なくありません。

結果として、遺言書を書こうとしていても、内容が決まらないまま放置してしまうというケースもありますが、遺言書を書くということは、ご自身の財産を棚卸しして相続について真剣に考えるという面で、大きな意味があることです。財産配分を決められなくても、「とりあえず財産目録だけでもつくっておこう」となれば、十分に意味があったといえるでしょう。「そういえば、放ったままの口座がある」と気づくきっかけになるかもしれません。ご主人が「遺言書を書いてみようかな」と考えるということは、それ自体で相続対策を前進させることになるのです。

残したい人にお金を確実に残す「生命保険の活用」

遺書書を残さなくても、自分が財産をあげたいと思う人に確実に渡す方法

法として有効なのが、生命保険の活用です。生命保険金は遺産分割の対象外なので、自分がお金を渡したい人を受取人にして生命保険に加入すれば、その人に必ずお金を残すことができます。

たとえば、会社を経営している方で、長男と二男、長女の3人の子どもがいるとしましょう。基本的に生命保険金は、遺産分割の対象からも遺留分の計算の対象からも外れますので、長男に会社を継がせて、かつ、お金も多く残したい場合、生命保険金の受取人を長男にしておけばいいのです。

この生命保険活用の注意点としては、遺産の大半を生命保険金にしてしまうと、他の相続人の取り分が少なくなり、文句が出ることがあるという点です。

生命保険の活用は、相続対策のひとつとしてもちろん有効ですが、あくまでも基本は遺言書で相続に関する全体的な意思を残すほうが、確実だと思います。私は、生命保険は補助的なものとして、遺言書の内容を補完するような活用をしたらいいと考えています。

二次相続対策は必要？

第1章でもお話ししましたが、最近注目度が高まっているのが「二次相続」です。

夫婦のどちらかが亡くなったときの相続が一次相続で、たとえば、ご主人を亡くした場合、残された奥さまと子どもが相続人になります。この状態で次に奥さまが亡くなったときの相続が二次相続で、このときの相続人は子どもだけです。

二次相続では一次相続と比べて税負担が大きくなる可能性が高く、そのためメディアがこぞって二次相続対策による節税策を取り上げています。

二次相続で税負担が増える理由のひとつは、二次相続では配偶者に対する税額軽減が使えないからです。先に述べた通り、二次相続での相続人は子どもたちですが、相続人が配偶者であれば、相続した財産が法定相続分または1億

6000万円までであれば相続税がかかりませんが、子どもたちはこのお得な制度を使うことができません。

もうひとつ、基礎控除額も小さくなるという理由もあります。二次相続では相続人の人数自体も減るので、基礎控除額も自ずと小さくなるわけです。

こうしたことから、一次相続のときに「妻に多くの財産を残せば、相続税がかからないから」と考えてすべての財産を奥さまに相続させてしまうと、二次相続発生時に子どもたちの相続税の負担が大きくなる恐れがあるのです。

こうした事情から、一般的には「一次相続の時点で二次相続時の相続税の負担を考えたほうがいい」というアドバイスを行うことが多いです。

146ページの表を見ると、一次相続と二次相続の関係を具体的にイメージできます。ご主人の財産が5000万円、ご家族が妻と子ども1人だとして、法定相続分通りに相続すると相続税は40万円です。ところが、5000万円すべてを妻が相続すれば相続税は0円となりますから、40万円が節税できます。ところが、妻が亡くなったときにその5000万円がそのまま残っていたとしたら、子どもへの相続で160万円の相続税がかかってしまいます。

このように、一次相続でうまく節税できて喜んだとしても、二次相続で相続税の負担が大きくなることを考えると、一次相続時の節税だけを重視して相続対策を行うのは、あまり得策ではないかもしれません。

そのため、税理士であれば「一次相続と二次相続の相続税のバランスを見て、税金がトータルで安くなるように相続を進めましょう」とアドバイスをするのが一般的です。具体的には、二次相続での税負担も見据えて、一次相続で妻の取り分を減らして子どもたちの取り分を多くすることになります。

ただし、ここで懸念があります。こうした背景から一次相続で子どもたちに多くのお金を分けてしまったために、その後の妻自身の生活費が足りなくなってしまった場合、どうしたらいいでしょうか。「子どもたちに生活費の援助を頼めばいい」と考える方もいるかもしれません。実際、お子さんに「二次相続のことを考えて、一次相続で多めにお金を分けておく」と伝えたときに、「もしもお母さんがお金に困ることがあったら、私たちが援助する」と答えるお子さんもいるでしょう。しかし現実には、一度受け取ったお金を母親に返すというお子さんは、あまり見られないように思います。

相続に限らず、一度自分がもらったものに対して、相手から「やっぱり返してほしい」と言われても、すんなり返すというのはかなり難しいことではないでしょうか。「もらったものは返せない」「一度自分がもらったのだから、このお金は自分のものだ」という心境になるはずです。

そして子どもたちも、住宅ローンや自分の子の教育費など、いろいろなお金が必要となります。「相続したお金ありき」で生活設計を立てていれば、あとになって変えるのは決して容易ではありません。そのため、「子どもが相続したお金を、いざとなったら母親に戻す」というのは、あまり現実的ではないと私は考えています。

私のスタンスとしては、これまで繰り返し述べてきたように、たとえ二次相続時の相続税の負担が大きくなろうとも、残された奥さまが今後の生活に必要な分のお金を最初から受け取ったほうがいいというものです。

たしかに、一次相続で妻が多くを相続して相続税が安くなると、その反動で二次相続での相続税が高くなる恐れがあることは事実ですので、私は相続のご相談を受けたお客さまにはこのことは必ずお伝えしています。

しかし、相続において何を最も優先するのか。一次相続時の相続税が少ないほうがいいのか、それとも二次相続を見据えてトータルの相続税を少なくするほうがいいのか――。何を最も優先すべきか考えると、まず優先すべきは、やはり奥さまの老後の生活ではないでしょうか。

相続では、節税はあくまでも手段のひとつにすぎず、最も大きな目的は、奥さまのこれからの生活を守ること、もっといえばご主人を亡くされたあとの人生を、不安や後悔なく豊かに生きることです。この一次相続で奥さまに多く財産を残すというのは、それを実現するための第一歩となります。

それに税金対策は、相続後でもできることがあります。二次相続のことばかりを憂いて対策を立てたがために、奥さまの生活が窮屈になってしまわないよう、二次相続のことは「ちょっと意識しておく」くらいに留めておくのがちょうどいいのです。

自分の相続で子どもたちがもめないために

これはあくまで私個人の考え方であり、同業の税理士でも、この考えに賛同しない方もいると思います。もちろん、人によっては「子どもたちのために二次相続対策を重視したい、だから私の取り分は少なくていい」という方もいると思いますが、その方針も間違いではありません。実際に私のお客さまでも、二次相続を重視して相続を進める方もいます。

具体的にいえば、お子さんが1人なら、ご主人の財産をすべて奥さまが相続してその後奥さまが亡くなれば、結果として夫婦2人分の財産を子ども1人が相続することになります。すると二次相続のときの相続税がとても高くなりますから、この場合は節税を考えて、一次相続で子どもにもある程度財産を分けておいたほうがいいかもしれません。

このようなケースで、子どもが「そんなに必要ない」と断ることもあります。「いいからもらっておきなさい」「お母さんが持っていたほうがいいでしょう」……といった会話が母子間で交わされ、財産を譲り合うケースも多いように思います。多くの子どもたちは、自分の取り分よりもひとり残された母親の生活のことを優先するのでしょう。

また、もともと自分自身でも財産を持っている奥さまは、「夫からの相続なんてあてにしない」というスタンスかもしれません。こうした場合には、私は二次相続を視野に入れて節税対策をおすすめしています。

つまり、残された家族が何を優先するのかについて、みんなで合意するのが大事なのです。合意した方針をゴールとして、優先事項を実現させるような相続の枠組みを考えていけばいいのです。

どんなに多額の財産も、いずれは先細りしていく

「財産は3代でなくなる」という言葉があります。第3章で、生前には約6億円の財産があったのに、10年後に亡くなったときには財産が3億円に減っていたという方のお話をしましたが、この方はお子さんが3人いて、3億円を3等分して相続するので1人あたりは1億円となります。もともとは6億円あった財産が、ご本人による消費という部分も大きいとはいえ相続によって2代目には1人あたり1億円に減ってしまうというのは、なかなか深刻だと思います。

この1億円を相続したこのお子さんたちも、使い方によってはお父さまが築いた財産を孫の代にほとんど残せないということも大いにありえます。

「財産は代々受け継いでいくべき」とは必ずしもいえませんが、消費と相続を繰り返していくと、巨額の財産もあっという間に消えてしまうという現実は、改めて知っておいていただきたいと思います。

また、お金をたくさん持っている方は、生前から子どもや孫にあげてしまうというケースも散見されますが、私はこれも金額が大きくなると危険だと考えています。私自身相続の仕事をするなかで、「おばあちゃんが孫に少しずつお金を渡しているらしい」といった話をよく耳にします。それも、けっこうな金額を。現在のシニア世代は高度経済成長期、給料が右肩上がりに増えた良き時代を知っていますが、近年の日本は給料がほとんど上がっていませんから、祖母としてあるいは母親として、「子どもや孫を金銭的に援助してあげたい」という気持ちを抱くのも無理はないかもしれません。

自分が生きているうちはそれでいいかもしれませんが、自分がこの世からいなくなった後は子どもや孫を援助し続けることはできません。自分の死後、援助に慣れてしまった子どもや孫たちは、援助なしで自立することが難しくなってしまうと思います。

結婚やマイホーム購入といった節目に子どもや孫に資金を援助するくらいならいいかもしれませんが、常日頃からお金をたくさんあげるのは、やめたほうがいいと私は考えています。「お金は親からもらえる」「いつでもおじいちゃんやおばあちゃんがお金をくれる」という感覚が子どもや孫にしみついてしまったら、自分で頑張って稼ぐという意欲を失ってしまうことにつながります。

子どもや孫にお金を多く渡すことよりも、自分の足で立って自分の足で歩いていく力をつけさせることのほうがずっと大事なはずです。それでも、子どもや孫にお金を多く渡したいと考えるのであれば、このリスクをしっかり考えてから判断したほうがいいというのが、私の考えです。

私のお客さまで、80代の女性が亡くなったときに、既にお子さんが全員先に亡くなっていたことから相続人が20代のお孫さん4人というケースがありました。この女性の財産は、不動産と預貯金を合わせて約８０００万円。その大半が不動産でした。祖母であるこの女性の面倒を見ていたのは、長男のお子さんにあたるお孫さんで、遺言書は残されていませんでした。

このような場合、おばあさんの面倒を見ていたお孫さんが多く相続するのが妥当ですが、財産が多いゆえに、他の相続人が遺留分を請求してもめる恐れがありま す。私はあらゆる事態を想定し、他の相続人がどう主張するか、それに対してどう返答すべきかを考えて相続人との遺産分割協議の席に就きました。

私の事務所に相続人を集めて遺産分割協議を行ったのですが、他の3人の相続人は初めから、「おばあさんの面倒をずっと見てくれた孫に、すべてお任せします」と言ったので、私はとても驚きました。そして遺産分割について説明し、法定相続分なら1人2000万円くらいとなりますが、3人の相続人に「1人500万円の配分でいかがでしょうか」と提案したところ、すんなりと受け入れてくれたので、話し合いはわずか15分で終わりました。

この相続人たちの対応に、私は感動すら覚えました。もしかしたらこのお孫さんたちは、いただけるお金は多いに越したことないと思っていたかもしれません。しかし、相続に至るまでの経緯なども考慮し、「自分たちはお譲りします」という考えに至ったのだと思います。

遺産分割協議の場面では、譲り合いの気持ちはとても重要になります。また、このお孫さんたちのように、自分で自分自身の生活を成り立たせる力や気持ちがあるということは、とても素晴らしいことだと思います。これはこの方々のご両親の教育の賜物に違いないと、つくづく痛感しました。

最も効果のある相続対策は、子どもの教育

どんなに多額の財産があっても、消費していくだけではいずれ消えてしまいます。しかし、祖父母や両親からの「教え」や受け継いだ「思考」は決してなくなりません。

私は、財産を築くには「稼ぐ力」と「守る力」が必要だと考えています。つまり、自分自身でお金を稼ぐ力、そして欲に任せて散財せずに、築いた財産を守る力。これらが相続人に備わっているかは、円満な相続を叶えるためには非常に重要です。被相続人は相続人やその家族をしっかり教育し、この「稼ぐ力」と「守る力」をぜひ身につけさせてほしいと私は考えています。

もちろん、守るべき家や土地もあると思います。地主であれば、「先祖代々の土地を守っていきたい」という思いも強いことでしょう。土地や財産を守る

ためには、知識と知恵が必要です。税制などのルールは、頻繁に変わります。変化の激しいなかで自分の守りたいものを守り、次の世代に受け継いでいくためには、知識を定期的にアップデートし、ベストな対策を講じていかなければなりません。そのためには常日頃からの学びが必要です。

しかし、税制や法律など専門的なことは、一般の方には少し難しいものかと思いますので、この分野については税理士や弁護士といった専門家を頼ればいいのです。こうした頼れる人たちと付き合える基本的な知識や人間力、信頼できる相談先を見極める判断力を磨くのも、一種の教育かもしれません。

あなたが自身の相続において、「自分の老後も大切だけど、子どもや孫が一生困らないで暮らせるようにしてあげたい」と考えるのなら、魚を与えるのではなく釣り方を教えてあげるべきなのです。「目先のお金」はいつか使い切ってしまいますが、「稼ぐ力」と「守る力」を身につけた子どもや孫は、自力で豊かな生活を送ることができるでしょう。お金とは異なり、習得した知識や能力は、いくら使っても消えることはありません。むしろ、使えば使うほど磨かれていきます。

相続では、「親から財産を相続できたら儲けもの」という姿勢で臨むくらいがちょうどいいのです。

また、ご主人が亡くなって奥さまと子どもたちが残されたときは、母親を尊重して円満に相続が終わったのに、次に奥さまが亡くなると子どもたちが骨肉の争いを繰り広げるというパターンもあります。母親という重石がなくなり、同じ子どもの立場である兄弟姉妹には、自分の意見を主張しやすいのかもしれません。「もっと財産が欲しい」「お兄さんのほうが取り分が多いのはずるい」などと誰かが言い出せば、泥沼は必須です。子どもたちにとって母親は、欲望を抑える文鎮のような役割を果たしています。この文鎮がなくなると、残された子どもたちに歯止めが利かなくなってしまうことがあります。母親の相続が発生して子どもたちがお互いに言いたい放題になってしまっても、止めに入る人がいないからです。

母親がいれば、「あんたたち、いい加減にしなさい」とたしなめることができますが、父親も母親もいない二次相続では、子どもたちを諌めてくれる人がいません。欲しいものは取り合い、いらないものは押しつけ合い……といった様相を呈し、ときに収拾がつかなくなってしまうのです。

それでは、子どもたちがもめないように、母親はどのような手を打っておくべきなのか。きっと多くの母親は、「私が死んだあとのことは、子どもたちが自分たちでやってくれる」と楽観的に考えているように思いますが、だからといって「子どもたちがもめてしまう可能性が高いから、二次相続の対策を立てたほうがいい」とむやみやたらに不安を煽るのは、おせっかいのような気がします。


この問題も、突き詰めれば教育に行き着くのではないでしょうか。たとえば子どもが複数人いて、それぞれ自力で自立した暮らしができていれば、相続で争いが起きる可能性は低いでしょう。また、兄弟姉妹間の関係性が良いなら、トラブルにはなりにくい。こうしたことも、お子さんをどう教育してきたかにかかっているように思います。

その意味では、私は子どもの教育こそ最大の相続対策だと考えています。二次相続でもめるかどうかは、各家庭の事情や母親、お子さんの性格によって変わりますから、外部の声を過度に気にする必要はないのです。

残された妻は、「自分優先のわがまま相続」でいい

前項では、最大の相続対策は子どもや孫の教育だとお話ししましたが、本書をお読みになっている方は「今さら子どもの教育といっても……」という段階に入っているかもしれません。母親として自分の死後のことを考えて現時点から手を打てることとしては、遺言書の作成があります。

財産を子どもたちに均等に分けようとしても、財産に不動産など分けにくいものがあれば、うまく分けられないことがあります。そうした財産を現金化しておくことも大事ですが、資産価値をあらかじめ把握して誰に何を残すのかを決めておけば、もめるリスクを大きく下げられるでしょう。

とはいえ、「遺言書を残したほうがいい」というのは周知のことながら、実際に遺言書を残す人はごくわずかです。「子どもたちはもういい大人なんだから、分け方くらい自分たちで決めてほしい」というのが、大半の方の本音かもしれません。

母親が生前から子どもたちへの相続の対策をするかどうかは、年齢にもよると思います。私がお会いしたある80代半ばの女性は、歳のせいか何をするのも億劫なようで、お話ししていても同じ内容を繰り返すばかりで、建設的な相続対策を進められない状態でした。80代半ばという年齢からすれば、仕方のないことかもしれません。私は、そんな彼女に遺言書を書くことをすすめるのがはたしてベストな提案なのか、大いに悩みました。この方を見ていて、80代にもなればなおさら自分の幸せのことだけを追求すべきではないかと考えたのです。

夫が80歳くらいで亡くなって、「自分が死んだあとのことも考えなければ」ということろには、残された奥さまも80代くらいになっています。おそらく、財産の額が大きいなど「遺言書を書かなければいずれトラブルになる」という強い危機感を抱いている方は、たとえ高齢でもなんとか書こうとするものです。しかし、先に述べたように多くの人の財産は自宅不動産と預貯金がメインになります。そのご家族の状況にもよるかと思いますが、遺言書を残さなくてもトラブルになるリスクは、さほど大きくないように思います。

もちろん、代々受け継がれてきた土地を守らなければならない、あるいは会社を経営していて自社株式を持っているといった特別な事情があるのなら、話は別です。こうしたケースでは、やはり遺言書を残したほうがいいでしょう。しかし一般的な家庭なら、相続対策についてそれほど気に病む必要はないかもしれません。

「子どもたちに迷惑をかけたくない」と思うなら、二次相続対策を考えればいい。どうしても子どもたちの財産の分け方を指定したいなら、遺言書を残せばいい。そうした強いこだわりが何かしらあるようでしたら、生前からしっかり対策を立てておくべきです。しかしそうでないのなら、自分が亡くなったあとのことは子どもたちに任せることにすればいいのです。

大切なのは、まずは奥さまご自身の残りの人生を不安なく豊かに生きること、「ときには孫に何か買ってあげたい」「子どもたちの一家と旅行に行きたい」「介護状態になったら老人ホームに入りたい」など、自分の「わがまま」を追求することです。

繰り返しますが、ご主人が亡くなったときに何よりも重視すべきは、残された奥さまご自身の人生です。本書をお読みになっている奥さまには、子どもたちの生活や二次相続時のことをあまり憂いすぎず、自分優先の「わがままスタンス」で、本書でお話しした知識も存分に活用しながら、ご主人の相続に向き合っていただきたいと思います。

おわりに

本書を最後まで読んでいただきましたことに、まずは心からお礼を申し上げます。

「はじめに」でも簡単に述べましたが、私はこれまで様々な相続をお手伝いするなかで「残された側」、特に「残された妻」の苦しみや大変さに直面し、相続で苦しむ人をひとりでも減らしたい、そのために多くの人に相続のことをもっと知ってもらいたいというのが、本書の執筆を決意した最大の動機でした。

相続は、すべての人に訪れる出来事です。本書では「残された妻」という女性の方々をメインに見据えてお話ししてきましたが、第2章では「残された夫」の事例でお話ししたように、女性にせよ男性にせよ、最愛のパートナーに先立たれるタイミングはいつか必ずやってきます。そのときに最も重視すべきは、相続税の納付額を減らすことではありません。

トラブルなくスムーズに相続を行うことはもちろん、何よりも「残された側」がその後の人生を豊かに、幸せに過ごせるようにというのが、相続で目指すべき最大のゴールなのです。

私が過去にお手伝いしたあるご主人の相続の話になりますが、ご主人が生前に作成した遺言書の付言事項に、奥さまに向けた次のような言葉がありました。

「もし、私が先立てば心細い思いをさせると思いますが、人生を十分に楽しんでください」

自分がこの世からいなくなっても妻の幸せを願う――私はこれを見たとき、とても感動しました。長年連れ添った奥さまに向けてのこの最後のメッセージは、本当に素敵だと思います。

日本人の男性は、口下手な方の方が多いかと思います。生前でも、奥さまを目の前にすると恥ずかしくなってしまい、このような言葉は口にできないかもしれません。けれどこのメッセージは、口には出さなかったかもしれませんが、心の中では奥さまのことをとても愛していて、奥さまに対する愛情が溢れんばかりであることがとてもよく伝わってきます。きっと、仲のいいご夫婦だったのだろうなと感じました。

この本を読んでくださったあなたが奥さまであるなら、新たに知った相続のことをご主人にお話ししていただければ、夫婦で相続対策を始めるきっかけになるかもしれません。どちらが先に亡くなったとしても、「残された側」が幸せに生きていけるように具体的な準備が一歩前に進むことを、心から願っています。

相続のことは、ご家庭で話に出しにくいものだとは重々理解していますが、この問題を避けていると、いずれ深刻なトラブルに発展する可能性もあります。第2章の5つの事例でお話しした相続のトラブルも、生前に夫婦やお子さんと相続の話をしておけば防ぐことができたかもしれません。

相続対策は、ご自身が健康なうちにやっておくことが大切で、後に「やっておけばよかった」と後悔しても遅いのです。「まだまだ元気だし、先のことだから時間はある」と楽観的に構えるのではなく、「健康で時間があるのだから、今のうちにやっておこう」というふうに、マインドを切り替える必要があります。

相続対策を始めるベストタイミングは、「定年したら」「もう少し歳をとったら」といったような「少し先」ではなく、「今この瞬間」なのです。

最後に、本書では、相続の基本の流れから具体的な事例まで様々にお話ししましたが、個々のご事情で相続のあり方は変わりますから、本書を読んでもご自身の問題を解決できないこともあるでしょう。そんなときには、ぜひお気軽にご相談いただければと思います。

読者のみなさんが、本書によって相続に対する意識が変わり、「主人と話してみようかな」「何かやってみようかな」という気持ちに少しでもなっていただけたら、そして、円満な相続と「残された側の幸せな人生」に少しでもお役に立てることができるのでしたら、著者としてひとりの税理士として、とても嬉しく思います。

2023年1月　島根税理士事務所 代表税理士　島根　猛

装丁　荒井雅美（トモエキコウ）
DTP　マーリンクレイン
執筆協力　山口慎治
編集協力　ブランクエスト

「もしも夫が亡くなったらどうしよう？」と思ったら読む本

夫婦で豊かな老後を送るために
知っておきたい相続のこと

読者特典

相続のことを誰かに相談したい！
遺言書ってどう書くの？
相続税の申告を手伝ってほしい！

通常１万円の
初回面談相談（1時間）を、
無料でご提供いたします

※相談は、事前にご予約が必要となります。
ホームページにアクセスいただき、お電話にて『本を読んだ』とお伝えください。

「島根税理士事務所」で検索！

島根税理士事務所　検索

※読者特典は、予告なく終了することがございます

［著者略歴］
島根猛（しまね・たけし）
島根税理士事務所 代表税理士。
埼玉県で代々続く専業農家の長男として生まれる。「実家の相続を円満に導きたい」という思いから税理士を志し、24歳で税理士試験に合格。大学卒業後に専門学校での税理士講座講師、某保険会社の営業職を経験したのち、税理士法人にて税理士業務の基礎を学び、27歳で税理士登録。その後は相続税のエキスパートとして年間100件以上の相続案件に携わる。共著に『円満相続をかなえる本』（幻冬舎メディアコンサルティング）がある。

「もしも夫《おっと》が亡《な》くなったらどうしよう？」と思《おも》ったら読《よ》む本《ほん》

夫婦《ふうふ》で豊《ゆた》かな老後《ろうご》を送《おく》るために知《し》っておきたい相続《そうぞく》のこと

2023年１月21日　初版発行

著　者　島根猛

発行者　小早川幸一郎

発　行　株式会社クロスメディア・パブリッシング
〒151-0051 東京都渋谷区千駄ヶ谷4-20-3 東栄神宮外苑ビル
https://www.cm-publishing.co.jp
◎本の内容に関するお問い合わせ先：TEL（03）5413-3140／FAX（03）5413-3141

発　売　株式会社インプレス
〒101-0051 東京都千代田区神田神保町一丁目105番地
◎乱丁本・落丁本などのお問い合わせ先：FAX（03）6837-5023
service@impress.co.jp
※古書店で購入されたものについてはお取り替えできません

印刷・製本　株式会社シナノ

ISBN978-4-295-40787-4　C0032